Marketing Hiperpersonalizado

ICB Editores (Interconsulting Bureau S.L.)
C/ Flauta Mágica, 1, local 1B
P.I. Alameda 29006 – Málaga. España
Tfno: (+34) 952 28 87 67
info@icbeditores.com
www.icbeditores.com

Marketing Hiperpersonalizado

Coordinadora de la obra: María Dolores Pérez Rodríguez
Licenciada en Pedagogía por la Universidad de Málaga

1ª edición, 06/2025

ISBN: 979-13-87684-10-5

Impreso en España - *Printed in Spain*

Código: MAIC005329

C.20181023110654 - M.20250623122731

ÍNDICE

MÓDULO

1. Marketing Hiperpersonalizado

Contenido del Módulo

ICB
EDITORES

UNIDAD

1.1. Fundamentos del Marketing Hiperpersonalizado

Contenido de la Unidad

- ¿Qué es el Marketing Hiperpersonalizado?
- La Importancia de los Datos en la Personalización
- Tecnologías Habilitadoras
- Resumen

ICB
EDITORES

1. ¿Qué es el Marketing Hiperpersonalizado?

1.1. Definición y contexto.

El marketing hiperpersonalizado representa una revolución en la forma en que las empresas se relacionan con sus clientes. En un entorno donde la competencia es feroz y las expectativas del consumidor son cada vez más altas, esta estrategia permite a las marcas ofrecer experiencias únicas y memorables, basadas en datos y tecnología avanzada. Pero, ¿qué significa realmente hiperpersonalizar?

En términos simples, el marketing hiperpersonalizado consiste en adaptar mensajes, productos y servicios a las necesidades, intereses y comportamientos específicos de cada individuo. A diferencia de la personalización tradicional, que suele dirigirse a segmentos amplios de clientes, la hiperpersonalización se enfoca en un nivel mucho más granular. Esto se logra mediante el uso de tecnologías como la inteligencia artificial (IA), el aprendizaje automático (Machine Learning) y la analítica avanzada de datos.

1.1.1. El Contexto Actual

La aparición del marketing hiperpersonalizado no es fortuita; surge como respuesta a varios factores que han transformado el panorama empresarial y el comportamiento del consumidor:

1. **Abundancia de Datos:** Los consumidores generan enormes cantidades de datos a través de sus interacciones digitales, desde compras en línea hasta publicaciones en redes sociales. Estos datos proporcionan a las empresas una oportunidad sin precedentes para conocer a sus clientes en profundidad.

   ⇨ Impacto en la moda: Las marcas utilizan datos de comportamiento para identificar estilos preferidos y ofrecer recomendaciones personalizadas. Por ejemplo, plataformas como Zalando o Asos combinan el historial de compras con análisis predictivos para sugerir atuendos adaptados a las estaciones y tendencias.

- ⇨ **En tecnología:** Compañías como Apple y Samsung analizan datos de uso de dispositivos para personalizar actualizaciones de software y sugerir aplicaciones útiles. Además, la hiperpersonalización en los asistentes virtuales, como Siri o Google Assistant, mejora la experiencia del usuario adaptándose a sus preferencias.
- ⇨ **En educación:** Las plataformas de e-learning, como Duolingo o Coursera, emplean algoritmos para ajustar el contenido según el ritmo de aprendizaje de cada estudiante, mejorando la retención y el compromiso.

2. **Expectativas en Aumento:** En la era digital, los consumidores esperan que las marcas no solo comprendan sus necesidades, sino que se anticipen a ellas. La hiperpersonalización responde a esta expectativa, ofreciendo soluciones precisas y oportunas.
    - ⇨ Según un informe de Accenture, el 91% de los consumidores están más dispuestos a comprar en marcas que ofrecen recomendaciones relevantes. En sectores como el comercio electrónico, esto se traduce en aumentos significativos en la tasa de conversión.
    - ⇨ En el sector de la salud, la hiperpersonalización ha permitido diseñar tratamientos específicos basados en datos genéticos y de historial médico, transformando la relación médico-paciente.
3. **Evolución Tecnológica:** El avance de tecnologías como la inteligencia artificial y el big data ha hecho posible procesar y analizar grandes volúmenes de información en tiempo real, un requisito clave para la hiperpersonalización.
    - ⇨ **Big Data en la logística:** Empresas como Amazon optimizan rutas de entrega y sugerencias de productos al analizar millones de transacciones diarias.
    - ⇨ **Streaming y entretenimiento:** Netflix, utilizando aprendizaje automático, genera un 75% de sus vistas mediante recomendaciones personalizadas, aumentando la fidelidad del usuario.

4. **Competencia Intensa:** En un mercado saturado, la diferenciación es crucial. Las marcas que logran conectar con los consumidores a nivel personal tienen una ventaja significativa sobre sus competidores.

 ⇨ En el mercado minorista, la hiperpersonalización permite fidelizar clientes con descuentos adaptados a su historial de compras.

 ⇨ En la banca, entidades como BBVA utilizan análisis de comportamiento para ofrecer productos financieros personalizados, como planes de ahorro adaptados al estilo de vida del cliente.

Con estas condiciones en juego, el marketing hiperpersonalizado no solo es una opción, sino una necesidad para las empresas que desean mantenerse relevantes y competitivas. En los siguientes apartados, exploraremos cómo esta estrategia ha evolucionado y cuáles son sus principales beneficios y desafíos.

Con estas condiciones en juego, el marketing hiperpersonalizado no solo es una opción, sino una necesidad para las empresas que desean mantenerse relevantes y competitivas. En los siguientes apartados, exploraremos cómo esta estrategia ha evolucionado y cuáles son sus principales beneficios y desafíos.

1.2. La evolución del marketing hacia la hiperpersonalización.

A lo largo de su historia, el marketing ha evolucionado en respuesta a las necesidades de las empresas y las herramientas tecnológicas disponibles, desde los mensajes masivos dirigidos a audiencias amplias hasta las interacciones profundamente personalizadas que conocemos hoy. Esta transformación no solo refleja cambios tecnológicos, sino también una comprensión más matizada del consumidor y sus expectativas.

En sus inicios, el marketing masivo dominaba la escena. Las campañas publicitarias, diseñadas para alcanzar al mayor número posible de personas, se transmitían a través de medios como la radio, la televisión y la prensa escrita. Un ejemplo emblemático es la campaña "Hilltop" de Coca-Cola en 1971, que promovía un mensaje universal de unidad y felicidad. Aunque estas estrategias eran efectivas para construir notoriedad, carecían de la capacidad de conectar profundamente con el consumidor.

Con el tiempo, las empresas comenzaron a reconocer que no todos los consumidores reaccionaban de la misma manera ante un mensaje genérico. Así nació el marketing segmentado, que dividía a la audiencia en grupos más manejables basados en características demográficas como la edad, el género o la ubicación. Durante los años 60 y 70, Procter & Gamble marcó un hito al utilizar estudios demográficos para orientar sus campañas hacia segmentos específicos, como amas de casa. Aunque este enfoque permitió una comunicación más dirigida, seguía tratando a los consumidores dentro de cada segmento como entidades homogéneas.

La llegada de internet en los años 90 marcó el inicio del marketing personalizado. Las empresas comenzaron a recopilar datos directamente de los usuarios, lo que les permitió adaptar sus mensajes a subgrupos más pequeños. Amazon, por ejemplo, implementó recomendaciones de productos basadas en el historial de compras, estableciendo un estándar en la personalización. Sin embargo, este enfoque aún dependía de datos básicos y no aprovechaba la riqueza de información que las tecnologías modernas pueden proporcionar.

El verdadero cambio llegó con el marketing hiperpersonalizado, que utiliza datos granulares y tecnologías avanzadas para ofrecer experiencias únicas en tiempo real. Spotify, por ejemplo, adapta sus listas de reproducción a los hábitos de escucha diarios de cada usuario, mientras que Netflix no solo recomienda contenido, sino que también utiliza estos datos para decidir qué producciones originales desarrollar. Estas estrategias no solo mejoran la experiencia del cliente, sino que también generan un impacto significativo en los ingresos y la fidelización.

La tecnología ha sido el motor detrás de esta transformación. Desde plataformas de gestión de relaciones con clientes (CRM) hasta sistemas de aprendizaje automático, las herramientas disponibles han permitido a las empresas ir más allá de la segmentación y la personalización básica. Al mismo tiempo, el cambio en las expectativas del consumidor ha impulsado a las marcas a innovar continuamente, ya que los clientes actuales no solo valoran la personalización, sino que la exigen.

Así, la hiperpersonalización no es solo la etapa más avanzada en la evolución del marketing, sino también una promesa de un futuro en el que cada interacción sea relevante, efectiva y significativa para el consumidor.

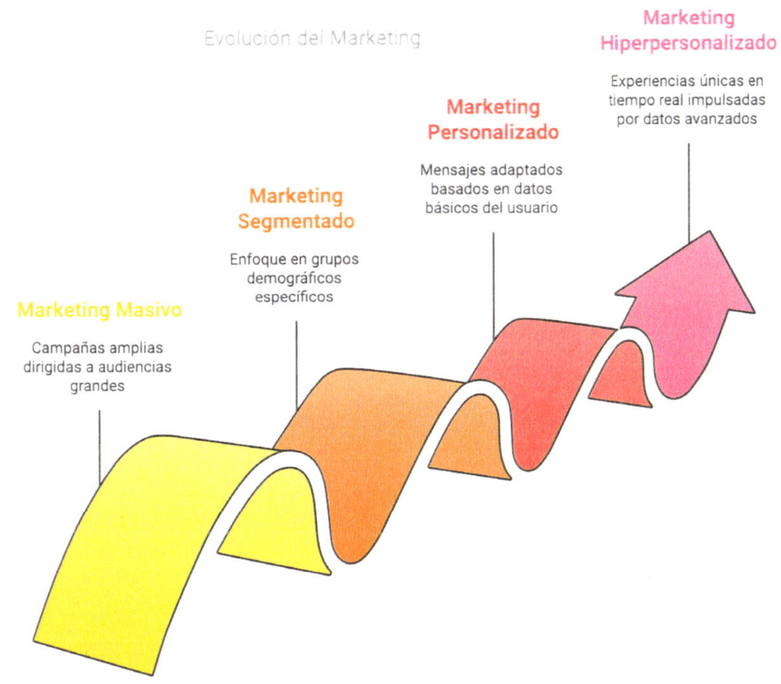

1.3. Beneficios y desafíos de adoptar esta estrategia.

1.3.1. Beneficios

Adoptar una estrategia de marketing hiperpersonalizado trae consigo un sinfín de beneficios que transforman tanto la relación entre las marcas y sus consumidores como los resultados empresariales. Uno de los impactos más destacados es el aumento significativo en la fidelización del cliente. Cuando un consumidor siente que una marca lo comprende a un nivel profundo, es más probable que establezca una conexión emocional duradera. Por ejemplo, un cliente que recibe ofertas personalizadas basadas en su historial de compras, como descuentos en productos complementarios a una adquisición reciente, percibe un valor añadido que fomenta su lealtad.

Además de fortalecer la relación con los clientes, la hiperpersonalización genera un impacto directo en la rentabilidad. Al dirigir mensajes y ofertas específicas a audiencias bien definidas, las empresas logran incrementar su retorno de inversión (ROI). Las campañas publicitarias personalizadas, especialmente aquellas ejecutadas mediante plataformas programáticas, reducen el desperdicio de recursos al asegurar que los mensajes lleguen únicamente a quienes tienen más probabilidades de responder favorablemente. Esto es evidente en el comercio electrónico, donde las recomendaciones de productos impulsadas por algoritmos han demostrado ser responsables de una proporción significativa de las ventas totales.

Otro beneficio clave es la diferenciación competitiva. En mercados saturados, donde los consumidores enfrentan una avalancha de opciones, la capacidad de una marca para ofrecer experiencias únicas y relevantes se convierte en un poderoso diferenciador. Empresas como Sephora han adoptado esta estrategia con éxito, ofreciendo a sus clientes recomendaciones de productos adaptadas a sus preferencias y estilos personales mediante aplicaciones móviles y experiencias en tienda integradas.

La hiperpersonalización también optimiza los recursos internos de una empresa. Aunque implementar esta estrategia puede requerir una inversión inicial considerable, las herramientas avanzadas de análisis y automatización reducen significativamente los costos operativos a largo plazo. Por ejemplo, los sistemas automatizados de marketing permiten a las empresas gestionar grandes volúmenes de interacciones personalizadas sin necesidad de aumentar proporcionalmente sus recursos humanos.

Finalmente, la capacidad de anticiparse a las necesidades del cliente no solo mejora la experiencia del usuario, sino que también permite a las empresas mantenerse un paso adelante en un mercado en constante cambio. Netflix, por ejemplo, utiliza análisis predictivos para determinar qué contenido original producir, basándose en patrones de visualización de sus suscriptores. Este enfoque no solo garantiza que sus inversiones sean efectivas, sino que también refuerza la percepción de la marca como una que entiende y responde a los intereses de su audiencia.

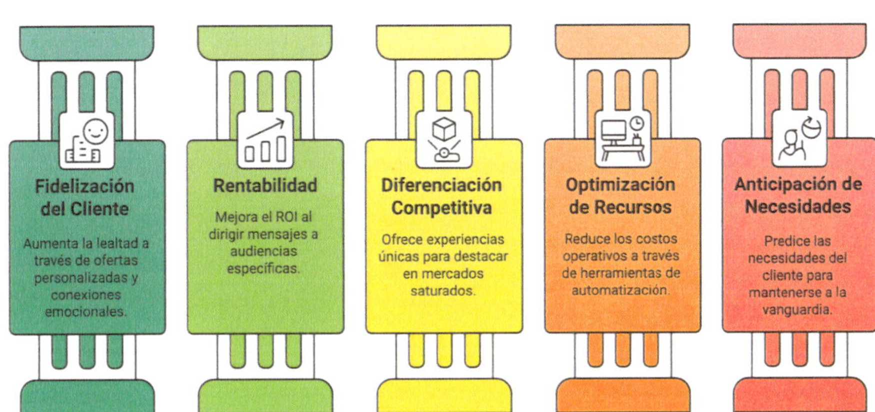

1.3.2. Desafíos

A pesar de los beneficios, adoptar la hiperpersonalización conlleva una serie de desafíos significativos que las empresas deben abordar cuidadosamente. Uno de los retos más evidentes es la gestión y protección de los datos. La recopilación y el uso de grandes volúmenes de información personal requieren no solo tecnología adecuada, sino también un cumplimiento estricto de las normativas de privacidad, como el GDPR en Europa o el CCPA en Estados Unidos. Las empresas que no cumplen con estos estándares no solo enfrentan sanciones económicas, sino también el riesgo de perder la confianza del cliente.

Implementar herramientas avanzadas también implica una inversión inicial considerable. Sistemas como plataformas de gestión de datos (DMP y CDP) o tecnologías de inteligencia artificial pueden requerir recursos financieros y técnicos que no todas las organizaciones tienen disponibles, especialmente las pequeñas y medianas empresas. Además, estas inversiones suelen ir acompañadas de la necesidad de capacitar al personal para gestionar y aprovechar al máximo estas herramientas.

Otro desafío importante radica en las expectativas crecientes de los consumidores. Una vez que experimentan un nivel avanzado de personalización, esperan que todas sus interacciones con la marca mantengan esa calidad. Si una empresa no puede cumplir consistentemente con estas expectativas, corre el riesgo de alienar a sus clientes.

Finalmente, la hiperpersonalización exige una integración perfecta entre departamentos. Marketing, ventas, atención al cliente y TI deben trabajar en conjunto para garantizar una experiencia coherente. Sin embargo, muchas organizaciones luchan por derribar silos internos, lo que puede limitar la efectividad de sus esfuerzos. Esto requiere un cambio cultural significativo, donde la colaboración y el intercambio de información se conviertan en una prioridad estratégica. Implementar tecnologías integradas y establecer objetivos comunes son pasos esenciales para superar esta barrera y maximizar los beneficios de la hiperpersonalización.

A pesar de estos desafíos, las empresas que logran superarlos se posicionan como líderes en un entorno competitivo cada vez más exigente. La clave está en equilibrar la inversión tecnológica con una estrategia centrada en el cliente, asegurando que cada interacción sea relevante y significativa. Esto implica no solo implementar las herramientas adecuadas, sino también fomentar una cultura organizacional que valore la innovación y la adaptabilidad. De este modo, las empresas pueden aprovechar al máximo las oportunidades que ofrece la hiperpersonalización, consolidándose como referentes en sus respectivas industrias.

Con una estrategia bien planificada y las herramientas adecuadas, los beneficios de la hiperpersonalización superan ampliamente sus desafíos. En las próximas secciones, profundizaremos en cómo las empresas pueden implementar esta estrategia de manera efectiva.

2. La Importancia de los Datos en la Personalización

2.1. Comprendiendo los datos: transaccionales, demográficos y comportamentales.

El corazón de cualquier estrategia de marketing hiperpersonalizado radica en los datos. Estos actúan como el combustible que impulsa las decisiones personalizadas, permitiendo a las marcas conectar de manera efectiva con sus consumidores. Sin embargo, no todos los datos son iguales. Para maximizar su valor, es esencial entender los diferentes tipos de datos que una empresa puede recopilar y cómo utilizarlos para personalizar las experiencias del cliente.

2.1.1. Datos Transaccionales

Los datos transaccionales son un reflejo directo de las interacciones comerciales entre una empresa y sus clientes. Incluyen detalles como el historial de compras, las frecuencias de transacción, los métodos de pago utilizados y las preferencias de envío. Estos datos no solo ofrecen una visión clara de los patrones de consumo, sino que también ayudan a identificar las preferencias de producto y las tendencias de gasto.

Por ejemplo, una tienda de comercio electrónico puede analizar el historial de compras de un cliente para identificar productos complementarios que podrían interesarle. Si un cliente adquiere regularmente equipos de ciclismo, la marca podría sugerir accesorios relacionados, como luces para bicicletas o botellas de agua reutilizables, mejorando así la relevancia de sus recomendaciones.

Además, estos datos permiten segmentar a los clientes en grupos basados en su valor de por vida (Customer Lifetime Value, CLV). Esto ayuda a las empresas a priorizar sus esfuerzos de marketing hacia los clientes con mayor potencial de rentabilidad, optimizando así el retorno de inversión.

2.1.2. Datos Demográficos

Los datos demográficos proporcionan una visión general de las características básicas de los consumidores. Incluyen información como edad, género, ubicación geográfica, nivel educativo y ocupación. Aunque son menos específicos que los datos transaccionales, ofrecen un contexto valioso para entender las necesidades y comportamientos de diferentes segmentos de clientes.

Por ejemplo, una marca de moda puede utilizar datos demográficos para adaptar sus mensajes publicitarios a audiencias específicas. Un anuncio dirigido a mujeres jóvenes en áreas urbanas puede resaltar tendencias modernas y productos sostenibles, mientras que una campaña para hombres mayores podría centrarse en ropa clásica y de alta calidad.

Además, los datos demográficos son cruciales para identificar oportunidades de mercado. Una empresa que detecta un crecimiento en una región geográfica específica podría ajustar sus estrategias de distribución y promoción para capitalizar esa tendencia.

2.1.3. Datos Comportamentales

Los datos comportamentales registran las acciones de los consumidores a lo largo de su interacción con la marca. Incluyen métricas como las páginas visitadas en un sitio web, el tiempo dedicado a cada sección, los clics en enlaces específicos y las interacciones en redes sociales. Estos datos ofrecen una visión dinámica del interés y compromiso del cliente, permitiendo a las empresas ajustar sus estrategias en tiempo real.

Por ejemplo, si un cliente visita repetidamente la página de un producto pero no realiza una compra, la marca podría enviarle un correo electrónico con un descuento especial o información adicional sobre el artículo. De manera similar, si un usuario abandona un carrito de compras, los datos comportamentales pueden activar campañas de retargeting para recordar al cliente sobre los productos seleccionados.

Los datos comportamentales también son fundamentales para mapear el recorrido del cliente (Customer Journey). Esto permite a las empresas identificar puntos de fricción y optimizar la experiencia del usuario, asegurando que cada interacción sea fluida y satisfactoria.

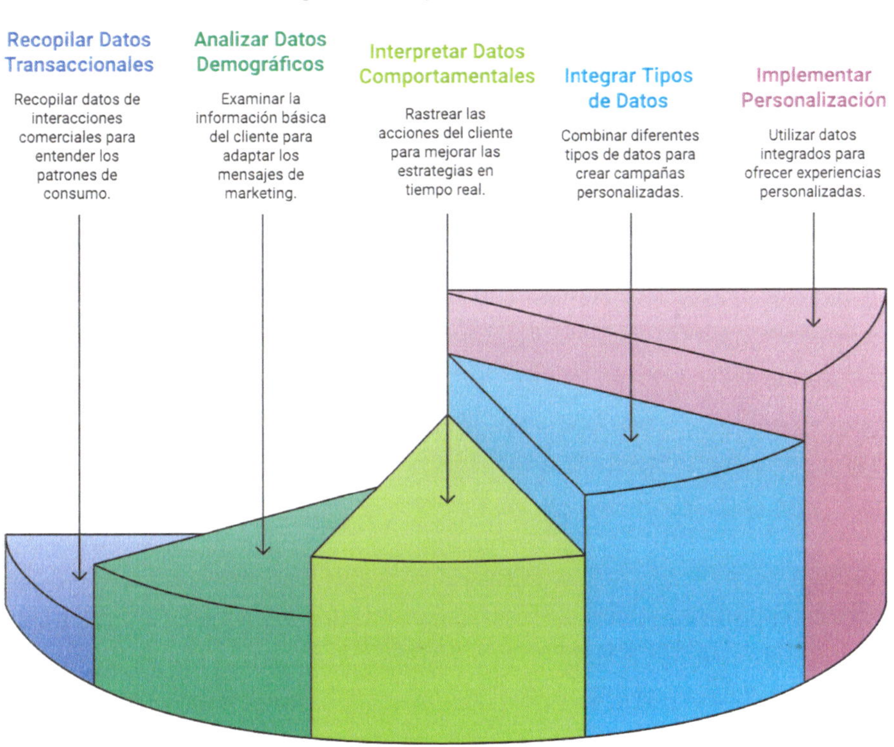

2.1.4. La Sinergia entre los Datos

Aunque cada tipo de dato tiene su propia utilidad, su verdadero poder radica en la integración. Por ejemplo, una marca de alimentos saludables puede combinar datos transaccionales para identificar qué productos son los más comprados por un cliente, datos demográficos para comprender si este cliente es un joven adulto en una gran ciudad o una familia en un área suburbana, y datos comportamentales para analizar qué recetas o consejos nutricionales busca en su página web. Con esta información integrada, la empresa puede crear una campaña personalizada que ofrezca recetas que incluyan los productos favoritos del cliente, resalten opciones convenientes para su estilo de vida y proporcionen descuentos exclusivos, reforzando así su relación con la marca y fomentando la lealtad.

2.2. Fuentes clave de datos:

2.2.1. Para grandes empresas: CRM, redes sociales, plataformas de e-commerce

En el caso de las grandes empresas, las fuentes de datos suelen ser amplias y diversas, lo que les permite recopilar información de múltiples canales para desarrollar estrategias de marketing altamente personalizadas. Una de las principales herramientas es el sistema de gestión de relaciones con clientes (CRM, por sus siglas en inglés).

Los CRM no solo centralizan datos clave de los clientes, como su historial de compras y preferencias declaradas, sino que también permiten rastrear cada punto de contacto con la marca, desde correos electrónicos hasta interacciones en redes sociales. Esto ayuda a las empresas a construir perfiles completos de los consumidores y segmentar audiencias de manera más eficiente.

Además de los CRM, las redes sociales han revolucionado la recopilación de datos. Plataformas como Facebook, Instagram y LinkedIn proporcionan a las empresas una ventana directa al comportamiento de los usuarios. No solo permiten observar qué tipos de publicaciones generan más interacción, sino que también facilitan la recopilación de datos sobre intereses específicos, actividades recientes y relaciones sociales. Las marcas pueden utilizar esta información para diseñar campañas adaptadas a intereses y comportamientos únicos, maximizando su efectividad. Por ejemplo, LinkedIn permite a las empresas dirigirse a profesionales con campañas personalizadas basadas en su cargo, industria y ubicación.

Las plataformas de e-commerce, como Shopify o Amazon, complementan esta estrategia al proporcionar datos transaccionales y comportamentales en tiempo real. Por ejemplo, Amazon utiliza algoritmos avanzados para rastrear los productos más vistos por cada usuario, identificar patrones de abandono de carritos y analizar las preferencias de pago. Esto les permite enviar recomendaciones de productos personalizadas y activar notificaciones oportunas, como recordatorios de compra o descuentos especiales para clientes que han mostrado interés en artículos específicos.

Un ejemplo práctico de la integración de estas fuentes sería una empresa de moda global que utiliza su CRM para identificar a los clientes con mayor valor de por vida (CLV), las redes sociales para descubrir las tendencias de moda que generan mayor interacción en diferentes regiones y la plataforma de e-commerce para analizar los productos más comprados en tiempo real. Al combinar estos datos, la empresa puede diseñar campañas dirigidas que incluyan recomendaciones de productos populares en la región del cliente, estilos que reflejen las últimas tendencias y descuentos personalizados para los compradores frecuentes. Esta sinergia entre fuentes de datos asegura no solo campañas más efectivas, sino también una experiencia más enriquecedora para el cliente.

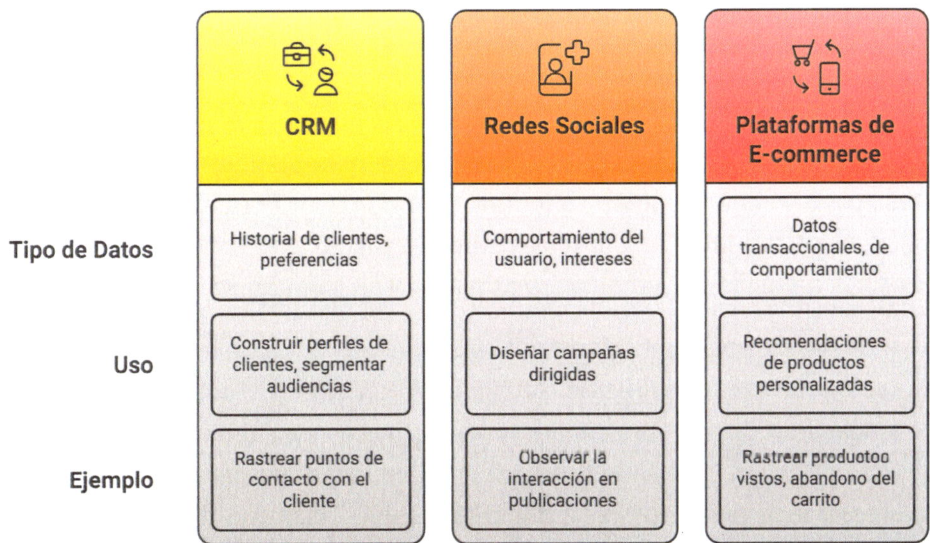

2.2.2. Para pequeñas empresas: Encuestas, formularios simples, herramientas gratuitas

Por otro lado, las pequeñas empresas, aunque no cuentan con la infraestructura de las grandes corporaciones, pueden recurrir a métodos más accesibles para recopilar datos relevantes. Las encuestas y los formularios simples son herramientas económicas y efectivas que permiten obtener información directa de los clientes. Estas encuestas pueden abordar temas como preferencias de productos, hábitos de consumo, satisfacción con el servicio o incluso expectativas futuras. Al analizar las respuestas, las pequeñas empresas pueden identificar patrones clave que les permitan ofrecer promociones personalizadas o ajustar su oferta para satisfacer mejor a sus clientes.

Además, herramientas gratuitas o de bajo costo como Google Forms, Typeform o Mailchimp facilitan la recopilación y el análisis de datos básicos. Por ejemplo, un pequeño restaurante puede utilizar un formulario digital para recopilar las preferencias alimenticias de sus clientes regulares y, posteriormente, enviarles ofertas específicas a través de campañas de email marketing. También podría incluir preguntas abiertas que permitan a los clientes expresar sus sugerencias, fortaleciendo la relación con ellos y fomentando una mayor lealtad.

Otra fuente valiosa para las pequeñas empresas son las redes sociales, que ofrecen herramientas de análisis integradas y accesibles. Plataformas como Instagram Insights o Facebook Analytics permiten a los negocios más pequeños identificar qué tipos de contenido generan más interacciones y cuáles son las características demográficas predominantes de su audiencia. Estas plataformas también brindan datos sobre horarios óptimos para publicar y los formatos de contenido más efectivos, ayudando a las pequeñas empresas a maximizar su alcance con recursos limitados.

Un ejemplo adicional podría ser una boutique local que utiliza Instagram para recopilar datos indirectos. Analizando los "likes" y comentarios en sus publicaciones, puede identificar cuáles son los estilos o productos más populares. Luego, utilizando herramientas como Canva para crear encuestas visuales, puede preguntar a su audiencia sobre colores o diseños preferidos para futuras colecciones. Esta interacción no solo genera datos útiles, sino que también fortalece el vínculo con su comunidad.

Métodos de Recopilación de Datos para pequeñas Empresas

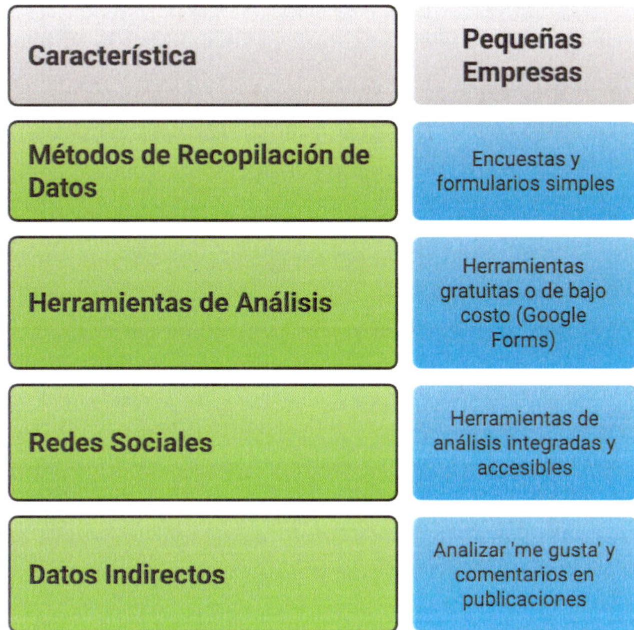

En resumen, las pequeñas empresas tienen a su disposición una variedad de herramientas económicas y accesibles para recopilar datos valiosos. Al integrar estas fuentes de información y utilizarlas de manera eficiente, pueden desarrollar estrategias de marketing hiperpersonalizado que compitan con las de empresas más grandes, ofreciendo experiencias únicas y altamente relevantes para cada cliente.

2.3. Cómo construir una cultura organizacional basada en datos.

Adoptar una cultura organizacional basada en datos no es solo una cuestión tecnológica; es un cambio profundo en la mentalidad y las operaciones de una empresa. En este apartado, exploraremos los pasos clave que las empresas deben seguir para integrar una perspectiva centrada en datos en todos los niveles de su organización.

2.3.1. Fomentar el Liderazgo Basado en Datos

El cambio debe comenzar en la cima. Los líderes de la organización deben ser los primeros en adoptar y promover una mentalidad basada en datos. Esto incluye tomar decisiones informadas, respaldadas por análisis concretos, y fomentar una cultura donde el uso de datos sea visto como una herramienta esencial para el éxito. Para lograrlo, los líderes deben no solo hablar sobre el valor de los datos, sino también actuar como modelos a seguir, aplicando decisiones basadas en información tangible en su gestión diaria.

Por ejemplo, pueden establecer reuniones regulares para analizar informes clave, revisar métricas de desempeño y evaluar el impacto de estrategias recientes. Asimismo, deben comunicar de manera clara cómo el uso de datos beneficia a la organización, vinculando estos resultados a casos de éxito concretos, como el aumento de ingresos o la mejora en la experiencia del cliente. Este enfoque no solo inspira confianza en los equipos, sino que también impulsa a otros niveles de la organización a adoptar prácticas similares.

2.3.2. Capacitar al Personal

La formación es esencial para garantizar que todos los empleados comprendan la importancia de los datos y cómo utilizarlos en su trabajo diario. Esto incluye talleres, cursos y programas de certificación en análisis de datos, interpretación de métricas y uso de herramientas específicas como dashboards de CRM o plataformas de analítica web. Un personal capacitado no solo se siente más seguro en su rol, sino que también contribuye de manera más efectiva al éxito general de la estrategia basada en datos.

2.3.3. Implementar Herramientas y Tecnología Adecuadas

Una cultura basada en datos requiere una infraestructura tecnológica sólida. Esto incluye la implementación de herramientas avanzadas de recopilación, almacenamiento y análisis de datos. Los sistemas de gestión de datos (DMP y CDP), plataformas de visualización de datos como Tableau o Power BI y tecnologías de inteligencia artificial son esenciales para facilitar el acceso y la comprensión de los datos por parte de todos los equipos.

2.3.4. Promover la Colaboración Interdepartamental

La integración de datos no puede limitarse a un solo departamento. Es fundamental que marketing, ventas, atención al cliente y TI trabajen juntos para garantizar que los datos recopilados se utilicen de manera coherente en toda la organización. Esto requiere establecer flujos de comunicación claros y continuos, en los que los equipos puedan compartir insights y resultados en tiempo real.

Los objetivos comunes deben ser definidos de manera transparente, alineando las metas de cada área con los resultados globales de la empresa. Además, la implementación de herramientas compartidas, como dashboards centralizados o plataformas de colaboración en la nube, facilita que los equipos trabajen de manera sincronizada. Por ejemplo, un dashboard integrado puede permitir que marketing ajuste sus campañas basándose en los datos de ventas, mientras que atención al cliente puede identificar problemas frecuentes y compartirlos con TI para optimizar los procesos. Esta colaboración no solo mejora la eficiencia operativa, sino que también asegura que cada decisión esté respaldada por una perspectiva integral de los datos.

2.3.5. Medir y Ajustar

Finalmente, una cultura organizacional basada en datos debe ser dinámica y evolutiva. Esto implica no solo medir constantemente el impacto de las decisiones basadas en datos, sino también fomentar un ciclo continuo de aprendizaje y mejora. Las empresas deben establecer procesos sistemáticos para recopilar y analizar feedback interno y externo, evaluando qué estrategias están funcionando y cuáles necesitan ajustes. Los KPI y las métricas clave deben ser revisados regularmente, pero con un enfoque en su contexto y evolución en el tiempo, permitiendo identificar tendencias emergentes y oportunidades de mejora.

Además, es fundamental involucrar a todos los niveles de la organización en este proceso de evaluación. Los empleados deben ser incentivados a aportar observaciones y proponer cambios basados en sus interacciones con los datos. Por ejemplo, el equipo de atención al cliente puede detectar patrones de insatisfacción recurrente y sugerir mejoras que luego se analicen y midan su impacto.

La implementación de herramientas de visualización de datos, como dashboards interactivos, puede facilitar la monitorización en tiempo real y fomentar una toma de decisiones más ágil. Estas prácticas no solo aseguran que la empresa se mantenga en el camino correcto, sino que también la posicionan para adaptarse rápidamente a cambios del mercado y seguir optimizando su capacidad de personalización.

3. Tecnologías Habilitadoras

3.1. Inteligencia Artificial y Machine Learning:

La inteligencia artificial (IA) y el aprendizaje automático (Machine Learning) han transformado la manera en que las empresas recopilan, analizan y utilizan datos. Estas tecnologías habilitadoras no solo automatizan procesos complejos, sino que también generan insights profundos que permiten a las empresas ofrecer experiencias hiperpersonalizadas en tiempo real. A continuación, exploraremos algunos de los casos de uso más destacados.

3.1.1. Recomendaciones Personalizadas

Uno de los casos de uso más reconocidos de la IA en marketing es la creación de sistemas de recomendaciones personalizadas. Plataformas como Netflix, Spotify y Amazon han perfeccionado esta tecnología para anticiparse a las necesidades de sus usuarios. Por ejemplo, Netflix utiliza algoritmos de aprendizaje automático para analizar el historial de visualización y las calificaciones de contenido de un usuario, ofreciendo recomendaciones que aumentan significativamente el tiempo de interacción en la plataforma. Este enfoque no solo mejora la experiencia del cliente, sino que también impulsa la retención y la fidelidad.

En el comercio electrónico, las recomendaciones personalizadas se han convertido en un pilar del éxito. Al analizar datos transaccionales y comportamentales, los algoritmos pueden sugerir productos complementarios o anticipar futuras compras. Por ejemplo, un cliente que compra una cámara puede recibir recomendaciones sobre lentes específicos o trípodes, aumentando el valor del carrito de compras.

3.1.2. Análisis Predictivo

El análisis predictivo, impulsado por IA y Machine Learning, permite a las empresas prever comportamientos futuros basándose en datos históricos. En marketing, esto significa identificar patrones en el comportamiento del cliente para anticipar sus necesidades y diseñar estrategias personalizadas.

Un ejemplo destacado es el uso de modelos predictivos en campañas de email marketing. Analizando datos como la frecuencia de apertura de correos electrónicos, los clics en enlaces y el historial de compras, las empresas pueden determinar el momento óptimo para enviar mensajes, el contenido más relevante y las ofertas que tienen mayor probabilidad de conversión.

En el sector minorista, el análisis predictivo ayuda a gestionar el inventario de manera eficiente. Al prever la demanda de productos específicos, las empresas pueden ajustar sus niveles de stock, reduciendo costos asociados al almacenamiento y evitando rupturas de inventario.

3.1.3. Personalización de Contenido en Tiempo Real

La IA también permite personalizar contenido en tiempo real, adaptando cada interacción a las preferencias actuales del usuario. Por ejemplo, los sitios web dinámicos pueden ajustar su contenido según la ubicación geográfica, el historial de navegación o incluso el dispositivo utilizado por el visitante.

Un caso práctico es el uso de banners publicitarios personalizados en plataformas digitales. Mediante la recopilación y análisis de datos en tiempo real, los anuncios pueden adaptarse a los intereses del usuario, aumentando significativamente la probabilidad de clics y conversiones.

Además, los asistentes virtuales como chatbots impulsados por IA han transformado la atención al cliente. Estos sistemas no solo responden preguntas frecuentes, sino que también utilizan aprendizaje automático para comprender el contexto y ofrecer soluciones personalizadas. Por ejemplo, un chatbot puede sugerir productos relacionados o informar al cliente sobre el estado de su pedido, mejorando la experiencia general.

3.1.4. Mejora de Estrategias de Segmentación

El aprendizaje automático ha elevado la segmentación de audiencias a un nivel completamente nuevo. Los algoritmos pueden analizar grandes volúmenes de datos para identificar microsegmentos con características específicas, permitiendo a las empresas diseñar campañas altamente dirigidas.

Por ejemplo, una empresa de cosméticos puede utilizar IA para segmentar a sus clientes según su tipo de piel, preferencias de productos y hábitos de compra. Esta información permite crear campañas que resuenen profundamente con cada segmento, aumentando las tasas de conversión.

Aplicaciones de IA y ML en Marketing

Recopilación de Datos

Recopilación de datos de clientes y transacciones

Análisis de Datos

Análisis de datos para obtener insights

Recomendaciones Personalizadas

Sugerencia de productos o contenido personalizado

Análisis Predictivo

Predicción de comportamientos futuros del cliente

Personalización de Contenido en Tiempo Real

Adaptación del contenido en función de las interacciones del usuario

Mejora de la Segmentación

Creación de segmentos de audiencia específicos

En resumen, la inteligencia artificial y el aprendizaje automático no solo han optimizado los procesos internos de las empresas, sino que también han revolucionado la manera en que estas interactúan con sus clientes. Estas tecnologías no son solo habilitadoras, sino también catalizadoras de la transformación hacia un marketing verdaderamente hiperpersonalizado. En los apartados siguientes, exploraremos otras tecnologías clave que están redefiniendo el panorama del marketing digital.

3.2. Automatización del marketing

La automatización del marketing ha emergido como una herramienta esencial para las empresas que buscan optimizar sus procesos y mejorar la experiencia del cliente. A través de tecnologías avanzadas, la automatización permite a las marcas ejecutar campañas más eficientes, personalizar interacciones y medir resultados con precisión. A continuación, examinamos cómo esta tecnología beneficia tanto a las empresas como a sus clientes.

3.2.1. Eficiencia Operativa

Uno de los beneficios más evidentes de la automatización es la capacidad de realizar tareas repetitivas de manera más rápida y con menos errores. Por ejemplo, en el ámbito del email marketing, herramientas como Mailchimp o HubSpot pueden programar y enviar correos personalizados a miles de destinatarios, ajustando el contenido según las preferencias del receptor. Esto no solo ahorra tiempo, sino que también libera recursos para que los equipos de marketing se concentren en estrategias más creativas y de alto impacto.

En el manejo de redes sociales, plataformas como Hootsuite o Buffer permiten programar publicaciones en múltiples canales, asegurando una presencia constante y coherente. Al automatizar estas tareas, las marcas pueden mantener su relevancia y aumentar su interacción con la audiencia.

3.2.2. Personalización Escalable

La automatización también permite personalizar la comunicación a una escala que sería imposible de lograr manualmente. Mediante el uso de datos demográficos, transaccionales y comportamentales, las empresas pueden enviar mensajes altamente dirigidos a cada segmento de su audiencia.

Por ejemplo, una tienda online puede configurar una serie de correos automatizados que se activen según el comportamiento del cliente, como correos de bienvenida, recomendaciones de productos basadas en compras previas o recordatorios de carritos abandonados.

Esta capacidad de personalización no solo mejora la experiencia del cliente, sino que también incrementa las tasas de conversión. Según un estudio de Salesforce, el 84% de los consumidores afirma que ser tratado como una persona, y no como un número, es clave para ganar su lealtad.

3.2.3. Medición y Optimización

La automatización del marketing incluye herramientas integradas para el seguimiento y análisis de métricas clave. Esto permite a las empresas medir el rendimiento de sus campañas en tiempo real y realizar ajustes sobre la marcha. Por ejemplo, una campaña de email marketing puede ser optimizada analizando tasas de apertura, clics y conversiones, identificando qué elementos funcionan mejor y cuáles necesitan mejorar.

Además, estas plataformas suelen ofrecer funciones de prueba A/B, que permiten experimentar con diferentes versiones de un mensaje para determinar cuál genera mejores resultados. Esto no solo mejora la efectividad de las campañas actuales, sino que también proporciona insights valiosos para estrategias futuras.

3.2.4. Generación de Leads y Nutrición del Cliente

La automatización del marketing es especialmente útil para generar y nutrir leads. A través de formularios en línea y landing pages, las empresas pueden captar información de contacto de posibles clientes y comenzar a nutrirlos con contenido relevante. Por ejemplo, una empresa B2B puede utilizar una serie de correos automatizados para educar a los leads sobre sus servicios, enviar estudios de caso y finalmente dirigirlos hacia una consulta con el equipo de ventas.

Este enfoque no solo aumenta las tasas de conversión, sino que también reduce el ciclo de ventas, ya que los leads están mejor informados y preparados para tomar decisiones.

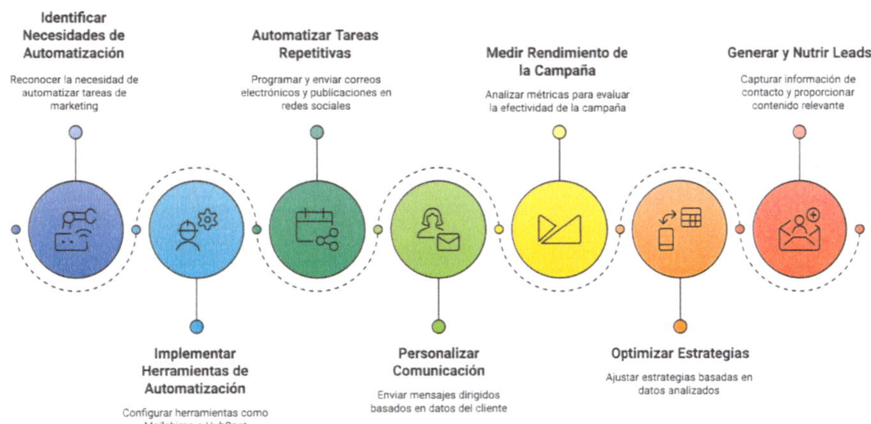

En resumen, la automatización del marketing es una herramienta poderosa que permite a las empresas operar con mayor eficiencia, personalizar la experiencia del cliente y optimizar resultados. En el siguiente apartado, exploraremos cómo las plataformas de gestión de datos (DMP y CDP) están transformando el panorama del marketing digital.

3.3. Plataformas de gestión de datos:

Las plataformas de gestión de datos (DMP, por sus siglas en inglés) y las plataformas de datos de clientes (CDP, por sus siglas en inglés) son dos herramientas esenciales en el ecosistema del marketing digital. Aunque a menudo se confunden, estas tecnologías tienen funciones distintas y complementarias, que ayudan a las empresas a gestionar y aprovechar los datos de manera efectiva.

3.3.1. ¿Qué es una DMP?

Una DMP (Plataforma de Gestión de Datos, por sus siglas en inglés) es una herramienta diseñada para recopilar, organizar y analizar grandes volúmenes de datos de terceros y anónimos. Estos datos suelen incluir cookies, direcciones IP, geolocalización y otra información no identificable, lo que permite a las empresas crear audiencias segmentadas para campañas publicitarias de gran alcance. Este tipo de plataforma es especialmente útil en la publicidad programática, donde la precisión y la velocidad para identificar audiencias relevantes son esenciales.

Por ejemplo, una DMP puede ser utilizada por una marca de moda que busca captar a usuarios interesados en tendencias de ropa urbana. La plataforma podría analizar el historial de navegación de individuos que han visitado blogs de moda, consultado catálogos en línea o interactuado con publicaciones de estilo en redes sociales. A partir de estos datos, la DMP permite dirigir anuncios específicos en plataformas digitales como Google Ads o redes sociales, maximizando el impacto publicitario.

Además, las DMP ofrecen funcionalidades avanzadas como la integración de múltiples fuentes de datos, incluyendo socios publicitarios, lo que amplía el alcance de las campañas. Sin embargo, tienen limitaciones significativas. Al trabajar principalmente con datos de terceros y de corta duración (como cookies que caducan rápidamente), estas plataformas no pueden ofrecer una visión unificada y a largo plazo del cliente. Esto las hace menos adecuadas para estrategias que requieran personalización profunda o interacción continua con el cliente, enfocándose principalmente en campañas publicitarias de alta rotación y alcance masivo.

3.3.2. ¿Qué es una CDP?

Por otro lado, una CDP es una plataforma diseñada para recopilar y unificar datos de clientes identificables a lo largo de múltiples puntos de contacto. Esto incluye información de CRM, datos transaccionales, interacciones en redes sociales y comportamientos en sitios web. A diferencia de las DMP, las CDP crean perfiles detallados de clientes individuales, permitiendo a las empresas personalizar sus interacciones a un nivel más profundo.

Por ejemplo, una CDP puede ayudar a una cadena hotelera a identificar a un cliente que ha reservado varias veces en una ubicación específica, ofreciéndole promociones personalizadas para esa región o recomendaciones de servicios adicionales durante su estadía.

Además, las CDP son herramientas ideales para la hiperpersonalización, ya que integran datos históricos y en tiempo real, ofreciendo una visión completa del cliente. Esto permite a las empresas identificar patrones de comportamiento, anticipar necesidades futuras y adaptar estrategias en tiempo real para maximizar la relevancia y efectividad de las interacciones. Por ejemplo, una CDP puede integrar datos de compra de un cliente con su actividad reciente en redes sociales, sugiriendo productos complementarios o promociones exclusivas que refuercen la relación con la marca. Gracias a esta capacidad, las interacciones no solo son consistentes, sino que también logran crear experiencias altamente personalizadas que aumentan la fidelidad y la satisfacción del cliente.

3.3.3. Diferencias Clave entre DMP y CDP

1. **Tipo de Datos:** Las DMP trabajan con datos anónimos de terceros, como cookies y datos de navegación, que permiten la segmentación de grandes audiencias sin identificar usuarios específicos. Por el contrario, las CDP se enfocan en datos identificables de primera parte, recopilados directamente de los clientes a través de sus interacciones con la marca. Esto incluye información de formularios, historial de compras y comportamiento en plataformas propias.

2. **Propósito:** Las DMP son ideales para campañas publicitarias masivas y de alcance amplio, como anuncios display o programáticos que buscan captar la atención de nuevas audiencias. Por otro lado, las CDP están diseñadas para estrategias de marketing personalizadas, permitiendo a las marcas construir relaciones a largo plazo con sus clientes a través de interacciones relevantes y adaptadas a sus necesidades específicas.

3. **Duración de los Datos:** Las DMP almacenan datos de forma temporal, ya que se basan principalmente en cookies que tienen una vida útil limitada (generalmente de 30 a 90 días). En contraste, las CDP mantienen información a largo plazo, creando un historial completo del cliente que facilita el análisis profundo y la identificación de patrones de comportamiento sostenidos en el tiempo.

4. **Unificación de Datos:** Las CDP tienen la capacidad de unificar datos provenientes de múltiples canales en un perfil único del cliente, proporcionando una visión integral que permite la hiperpersonalización. Por ejemplo, una CDP puede integrar información de compras en línea, interacciones en redes sociales y datos de atención al cliente en un solo lugar. Las DMP, en cambio, no ofrecen esta funcionalidad, ya que su enfoque está en datos anónimos que no pueden ser vinculados directamente a individuos específicos.

5. **Aplicación Práctica:** Mientras que las DMP son herramientas esenciales para maximizar el alcance de las campañas publicitarias y aumentar el reconocimiento de marca, las CDP son fundamentales para estrategias que busquen aumentar la fidelización, mejorar la experiencia del cliente y maximizar el valor de vida del cliente (CLV).

DIFERENCIAS ENTRE
DMP vs CDP

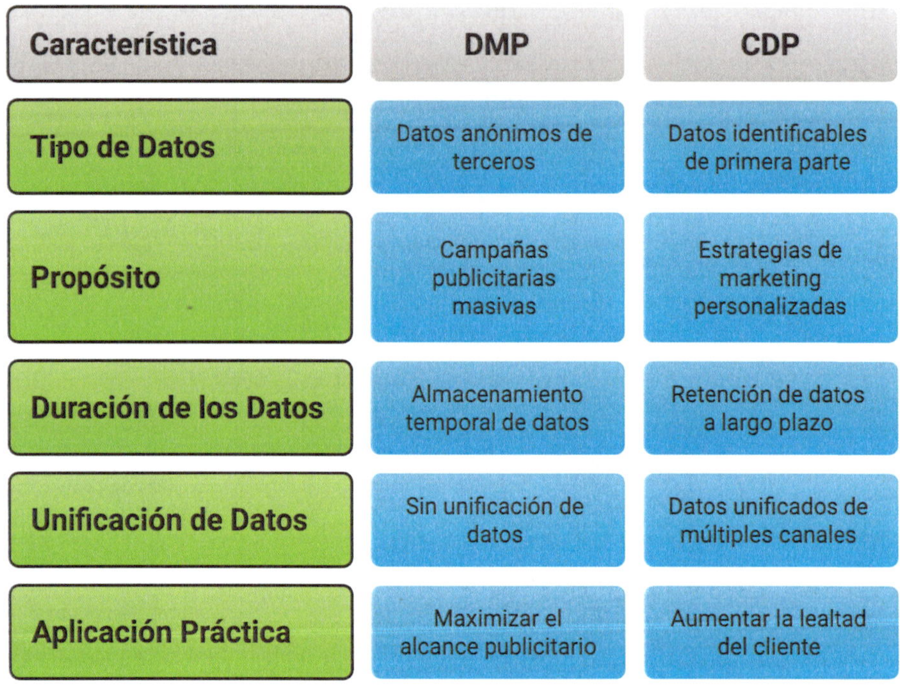

Característica	DMP	CDP
Tipo de Datos	Datos anónimos de terceros	Datos identificables de primera parte
Propósito	Campañas publicitarias masivas	Estrategias de marketing personalizadas
Duración de los Datos	Almacenamiento temporal de datos	Retención de datos a largo plazo
Unificación de Datos	Sin unificación de datos	Datos unificados de múltiples canales
Aplicación Práctica	Maximizar el alcance publicitario	Aumentar la lealtad del cliente

Aunque las DMP y las CDP tienen propósitos distintos, su integración puede ofrecer un enfoque holístico en el marketing digital. Por ejemplo, una empresa puede utilizar una DMP para identificar y captar nuevas audiencias a través de publicidad programática, y luego recurrir a una CDP para mantener y fortalecer la relación con los clientes adquiridos mediante estrategias personalizadas.

Esta combinación permite a las empresas aprovechar lo mejor de ambos mundos y lograr un equilibrio entre alcance masivo y personalización profunda.

3.3.4. Big Data y su impacto en el marketing hiperpersonalizado

El Big Data ha revolucionado el marketing digital, permitiendo a las empresas recopilar, procesar y analizar volúmenes masivos de datos a una velocidad y precisión sin precedentes. Este avance ha sido fundamental para el desarrollo del marketing hiperpersonalizado, ya que proporciona las herramientas necesarias para comprender y anticipar las necesidades de los clientes de manera granular.

3.3.5. Recopilación de Datos a Gran Escala

El Big Data permite a las empresas recopilar datos de una variedad de fuentes, como redes sociales, sitios web, aplicaciones móviles, dispositivos IoT y bases de datos internas. Por ejemplo, un retailer global puede analizar millones de transacciones diarias para identificar tendencias de compra y patrones de comportamiento en diferentes regiones del mundo. Esta capacidad de recopilar datos masivos permite a las empresas tener una visión más completa y detallada de sus clientes.

3.3.6. Análisis Predictivo Avanzado

El Big Data facilita el uso de análisis predictivo, donde los algoritmos avanzados analizan datos históricos y en tiempo real para prever comportamientos futuros. Esto es especialmente útil en campañas de marketing hiperpersonalizado, donde las empresas pueden anticipar qué productos serán más relevantes para un cliente en un momento específico. Por ejemplo, una plataforma de streaming puede predecir qué contenido será del interés de un usuario basándose en su historial de visualización y las tendencias actuales.

3.3.7. Segmentación Dinámica

Gracias al Big Data, la segmentación de clientes ha evolucionado hacia un enfoque más dinámico y preciso. Las empresas pueden identificar microsegmentos basados en combinaciones únicas de características, como intereses, ubicación, hábitos de compra y momentos específicos del día. Esto permite diseñar mensajes y ofertas que resuenen profundamente con cada segmento, maximizando la efectividad de las campañas.

3.3.8. Personalización en Tiempo Real

El análisis de Big Data en tiempo real permite personalizar interacciones en el momento exacto en que ocurren. Por ejemplo, un sitio de comercio electrónico puede ajustar sus ofertas y recomendaciones según el comportamiento de navegación actual de un cliente. Si un usuario busca repetidamente productos de una categoría específica, el sistema puede resaltar descuentos o promociones relacionadas, aumentando las probabilidades de conversión.

3.3.9. Optimización del Ciclo de Vida del Cliente

El Big Data también ayuda a las empresas a comprender mejor el ciclo de vida del cliente, desde la adquisición hasta la retención. Al analizar datos sobre cómo los clientes interactúan con la marca en diferentes etapas, las empresas pueden identificar puntos críticos y oportunidades para mejorar la experiencia del cliente. Por ejemplo, una aerolínea puede usar Big Data para anticipar cuándo un cliente frecuente está considerando cambiar de proveedor, ofreciendo incentivos personalizados para mantener su lealtad.

3.3.10. Desafíos del Big Data

A pesar de sus beneficios, el uso del Big Data también presenta desafíos significativos. La gestión ética de los datos, el cumplimiento de normativas como el GDPR y el CCPA, y la necesidad de infraestructura tecnológica avanzada son algunos de los obstáculos que las empresas deben superar. Además, la interpretación efectiva de los datos requiere talento especializado y herramientas analíticas sofisticadas.

En resumen, el Big Data es una pieza fundamental en el marketing hiperpersonalizado, ofreciendo insights profundos y oportunidades para crear experiencias de cliente excepcionales. Sin embargo, su implementación efectiva requiere una combinación de tecnología, estrategia y responsabilidad ética.

Resumen

1. ¿Qué es el Marketing Hiperpersonalizado?

El marketing hiperpersonalizado es una estrategia avanzada que adapta cada mensaje, producto o servicio a las características únicas de cada cliente. Esta personalización se apoya en el uso intensivo de datos y tecnologías como la inteligencia artificial (IA), el aprendizaje automático y el análisis predictivo. A diferencia de la personalización tradicional, que agrupa a los consumidores en segmentos amplios, la hiperpersonalización opera a nivel individual.

Esta estrategia surge como respuesta a varios factores del entorno actual: la gran cantidad de datos generados por los usuarios, el avance acelerado de la tecnología y las crecientes expectativas de los consumidores. Ejemplos como Netflix, Spotify, Apple, BBVA o plataformas educativas como Duolingo, demuestran cómo es posible ofrecer experiencias personalizadas en sectores tan diversos como entretenimiento, salud, banca o educación.

Históricamente, el marketing ha pasado por diversas etapas. Inicialmente, predominó el marketing masivo, dirigido a grandes audiencias mediante canales tradicionales como radio o televisión. Luego, con la llegada de internet, surgió el marketing segmentado y posteriormente el marketing personalizado. La revolución llegó con la hiperpersonalización, que combina datos en tiempo real con herramientas tecnológicas avanzadas para crear experiencias dinámicas y únicas.

La tecnología ha sido clave en esta evolución: desde los primeros CRMs hasta el uso actual de algoritmos de aprendizaje automático, las empresas han podido profundizar en el conocimiento de sus consumidores, respondiendo de forma más efectiva a sus necesidades.

Entre los beneficios del marketing hiperpersonalizado destacan la fidelización de clientes, el aumento del retorno de inversión (ROI), la diferenciación competitiva, la optimización de recursos y la anticipación a las necesidades del cliente. Estos logros son posibles porque el consumidor percibe un valor añadido cuando la marca lo trata de forma única y adaptada a su comportamiento.

Sin embargo, los desafíos también son significativos. Las empresas deben gestionar adecuadamente la privacidad y protección de datos, cumplir con normativas como el GDPR y afrontar costes de implementación tecnológica. Asimismo, deben integrar diversos departamentos y fomentar una cultura organizacional centrada en el dato. Si no se gestiona bien, la inconsistencia en la personalización puede afectar negativamente la percepción del cliente.

2. La importancia de los datos en la personalización

Los datos constituyen el pilar central de toda estrategia de hiperpersonalización. Se dividen en:

⇨ **Transaccionales:** reflejan el comportamiento de compra y permiten sugerir productos complementarios o priorizar a los clientes más valiosos.

⇨ **Demográficos:** incluyen edad, sexo, ubicación, y permiten diseñar mensajes acordes a cada grupo.

⇨ **Comportamentales:** analizan la navegación en la web, clics o interacciones en redes sociales, y permiten personalizar en tiempo real las ofertas y mensajes.

La verdadera potencia está en integrar estos tres tipos de datos para lograr experiencias personalizadas en múltiples niveles, adaptadas al contexto, preferencias y hábitos de consumo del cliente.

Para grandes empresas, los datos se recogen desde herramientas como los CRM, las redes sociales y plataformas de e-commerce. Estas fuentes permiten una recolección masiva y continua de información sobre cada cliente.

En cambio, las pequeñas empresas pueden recurrir a encuestas, formularios simples o herramientas gratuitas como Google Forms o Typeform. También pueden utilizar las redes sociales como fuente de análisis indirecto a través de likes, comentarios y encuestas interactivas.

La clave está en usar los recursos disponibles de forma estratégica para obtener información relevante y generar valor para el cliente.

Implementar el marketing hiperpersonalizado exige más que tecnología: requiere una transformación cultural. Esta se basa en cinco pilares:

- ⇨ 1. Liderazgo basado en datos: los líderes deben tomar decisiones informadas y promover el uso del dato como valor estratégico.
- ⇨ 2. Capacitación del personal: formar a los empleados para que comprendan y usen herramientas de análisis.
- ⇨ 3. Infraestructura tecnológica adecuada: disponer de plataformas como CDP, dashboards o IA.
- ⇨ 4. Colaboración entre departamentos: eliminar silos y promover flujos de trabajo integrados.
- ⇨ 5. Evaluación continua: medir el impacto de las decisiones y ajustar procesos mediante ciclos de mejora constante.

Solo con un enfoque integral, donde la cultura, la estrategia y la tecnología estén alineadas, se puede consolidar una verdadera organización centrada en el dato.

3. Tecnologías Habilitadoras

3.1. Inteligencia Artificial y Machine Learning

Estas tecnologías permiten automatizar tareas, extraer patrones complejos y personalizar las experiencias en tiempo real. Sus principales aplicaciones son:

- **Recomendaciones personalizadas:** como en Netflix o Amazon, donde los algoritmos sugieren contenido o productos según el historial del usuario.
- **Análisis predictivo:** anticipa comportamientos futuros a partir de datos históricos.
- **Contenido en tiempo real:** banners, anuncios y páginas que se ajustan al instante según la ubicación o actividad del usuario.
- **Segmentación avanzada:** permite identificar microsegmentos con intereses específicos, mejorando la precisión de las campañas.

3.2. Automatización del marketing

La automatización ayuda a optimizar recursos, mejorar la eficiencia y escalar la personalización. Sus ventajas clave incluyen:

- **Eficiencia operativa:** automatización de emails, publicaciones o respuestas.
- **Personalización escalable:** mensajes adaptados a miles de usuarios simultáneamente.
- **Medición y optimización:** plataformas con métricas en tiempo real y pruebas A/B.
- **Generación de leads y nutrición:** campañas automatizadas para educar al cliente potencial con contenido relevante hasta convertirlo en cliente.

3.3. Plataformas de gestión de datos

⇨ **¿Qué es una DMP?**

Una **DMP** (Data Management Platform) recoge datos anónimos de terceros para identificar audiencias y segmentarlas en campañas masivas. Es ideal para publicidad programática pero limitada para personalización profunda, ya que no integra datos identificables.

⇨ **¿Qué es una CDP?**

Una **CDP** (Customer Data Platform) recopila datos de clientes reales (de primera parte) de múltiples canales. Permite construir perfiles detallados y unificados, ideales para una personalización sostenible en el tiempo.

Ambas plataformas pueden complementarse: la DMP para captar nuevos usuarios y la **CDP** para fidelizar a los ya existentes.

UNIDAD

1.2. De Cuestión Privada a Problema Social

Contenido de la Unidad

ICB
EDITORES

1. De la invisibilidad a la denuncia pública

Durante siglos, la violencia contra las mujeres ha permanecido en un espacio de ocultamiento social e institucional, alimentado por normas patriarcales que consideraban el sufrimiento femenino como parte inherente al rol asignado a las mujeres en la sociedad. Las agresiones físicas, psicológicas, sexuales o económicas ejercidas por hombres contra sus parejas o exparejas eran tradicionalmente consideradas asuntos privados, relegados al ámbito de la intimidad conyugal o familiar.

Esta concepción no solo legitimaba la violencia, sino que desactivaba cualquier posibilidad de denuncia o protección efectiva para las víctimas. La esfera doméstica se construía como un espacio intocable, lo que generó un silencio cómplice tanto a nivel social como institucional.

El carácter estructural de esta invisibilidad se refleja en múltiples niveles. En el plano cultural, los relatos tradicionales, los mitos del amor romántico, los guiones de género y las representaciones mediáticas perpetuaron durante décadas la idea de que las mujeres debían soportar, perdonar o justificar la violencia como parte del sacrificio que implicaba el vínculo afectivo. En el plano jurídico, hasta fechas relativamente recientes, las legislaciones nacionales no reconocían la violencia de género como una violación de derechos humanos, y las intervenciones institucionales eran escasas, parciales y, muchas veces, culpabilizadoras hacia las mujeres. En muchos países, incluyendo contextos occidentales, el delito de violación dentro del matrimonio ni siquiera existía legalmente hasta bien entrado el siglo XX.

El tránsito desde esta concepción privatizadora de la violencia hacia su denuncia como problema público ha sido progresivo, complejo y aún incompleto. Ha requerido el impulso sostenido de los movimientos feministas, que desde los años 70 comenzaron a señalar que lo "personal es político", desvelando cómo las experiencias de subordinación, control y maltrato que vivían las mujeres en el espacio privado eran reflejo y consecuencia de un orden social basado en la desigualdad de género. La denuncia colectiva de estas experiencias permitió nombrar lo hasta entonces innombrable y sacó del silencio millones de historias de sufrimiento oculto.

Este proceso de visibilización fue acompañado por una progresiva transformación del marco normativo internacional. Instrumentos como la Convención sobre la Eliminación de Todas las Formas de Discriminación contra la Mujer (CEDAW, 1979), la Declaración sobre la Eliminación de la Violencia contra la Mujer (ONU, 1993), la Plataforma de Acción de Beijing (1995) y el Convenio de Estambul (2011) sentaron las bases para reconocer la violencia de género como una grave vulneración de los derechos humanos. A partir de este reconocimiento, los Estados comenzaron a asumir responsabilidades concretas en materia de prevención, protección y reparación, aunque con importantes diferencias entre países y con una aplicación desigual en la práctica.

En el caso de España, la promulgación de la Ley Orgánica 1/2004 de Medidas de Protección Integral contra la Violencia de Género supuso un hito fundamental al establecer un marco jurídico específico que reconocía la violencia ejercida por parte de parejas o exparejas como una manifestación del poder patriarcal. Esta ley marcó un punto de inflexión en el paso de la invisibilidad al reconocimiento institucional, y permitió la creación de juzgados especializados, sistemas de protección, campañas públicas y servicios de atención integral a las víctimas. Sin embargo, no todas las formas de violencia ni todos los perfiles de víctimas han sido igualmente visibles ni atendidos. Las mujeres migrantes, las mujeres con discapacidad, las mujeres rurales o las mujeres trans, entre otras, continúan enfrentando barreras específicas para acceder a la protección y la justicia.

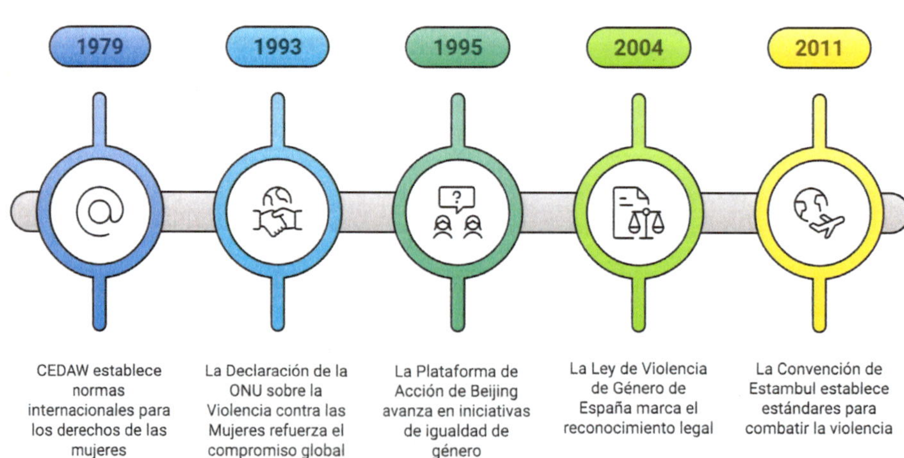

La denuncia pública de la violencia de género también ha estado mediada por el papel de los medios de comunicación y, más recientemente, de las redes sociales. La cobertura mediática de determinados casos ha contribuido a generar mayor sensibilidad social, aunque también ha reproducido estereotipos o ha centrado el foco únicamente en los casos más extremos.

En paralelo, las plataformas digitales han abierto nuevos espacios para que las víctimas puedan narrar sus experiencias y para que se generen campañas de alcance global, como #MeToo, #NiUnaMenos o #Cuéntalo. Estas campañas han tenido un fuerte impacto en la opinión pública y han obligado a las instituciones a asumir un compromiso más claro frente a la violencia.

A pesar de estos avances, la violencia de género continúa siendo, en muchos contextos, un fenómeno silenciado o relativizado. El discurso de la negación o banalización, que presenta la violencia como "problemas de pareja", "conflictos personales" o "falsas denuncias", debilita la respuesta institucional y contribuye a perpetuar el miedo y la desconfianza de las víctimas. Además, la exposición pública de las mujeres en procesos judiciales o mediáticos puede generar revictimización, poniendo en duda su testimonio o responsabilizándolas del maltrato recibido. Por eso, el paso de la invisibilidad a la denuncia pública no debe entenderse como un acto individual, sino como un proceso colectivo que exige el compromiso de toda la sociedad y la transformación profunda de las estructuras de poder que sostienen la desigualdad.

En este proceso de visibilización también es fundamental incluir la dimensión infantil y adolescente. Durante mucho tiempo, niñas, niños y adolescentes que convivían en hogares marcados por la violencia de género fueron considerados meros "testigos" o "espectadores" de la situación, sin contemplar que esta exposición tiene efectos traumáticos profundos y duraderos.

Hoy sabemos, gracias a investigaciones en neurociencia, psicología del desarrollo y trabajo social, que estos menores no solo sufren las consecuencias emocionales del maltrato, sino que también están en riesgo de reproducir o sufrir estas formas de violencia en sus futuras relaciones afectivas.

La visibilización de su condición como víctimas directas, impulsada por normativas como la Ley Orgánica 8/2021 de protección integral a la infancia y la adolescencia frente a la violencia, representa un avance en la comprensión del fenómeno, pero todavía es necesario consolidar su aplicación práctica en todos los niveles del sistema de protección.

El paso de la invisibilidad a la denuncia pública es un proceso aún inacabado que requiere una mirada crítica, interseccional y comprometida. No basta con nombrar la violencia: es necesario transformarla desde sus raíces culturales, simbólicas, jurídicas y materiales. Reconocerla como problema social implica asumir responsabilidades colectivas, movilizar recursos y sostener políticas públicas eficaces y respetuosas con los derechos de todas las víctimas, incluidas las más jóvenes y vulnerables.

2. Reconocimiento legal y mediático

El reconocimiento de la violencia de género como una problemática social, jurídica y política ha sido un proceso complejo que ha requerido la superación de múltiples resistencias culturales, institucionales y simbólicas. Este reconocimiento se ha producido fundamentalmente en dos planos interrelacionados: el legal y el mediático. Ambos han sido claves para que la violencia de género dejara de ser considerada una experiencia individual o doméstica y pasara a ocupar un lugar prioritario en la agenda pública y en las políticas de los Estados.

En el plano jurídico, el reconocimiento de la violencia de género ha implicado un cambio de paradigma. Se ha pasado de interpretaciones normativas que invisibilizaban o minimizaban la violencia ejercida contra las mujeres a marcos legales que la reconocen como una violación de los derechos humanos y una manifestación de la discriminación estructural por razón de género. Este giro ha sido impulsado por organismos internacionales como Naciones Unidas, el Consejo de Europa o la Unión Europea, cuyas resoluciones y tratados han exigido a los Estados firmantes adoptar medidas integrales para prevenir, sancionar y erradicar la violencia machista.

En este sentido, instrumentos como la Declaración sobre la Eliminación de la Violencia contra la Mujer (1993), la Plataforma de Acción de Beijing (1995), el Estatuto de Roma (1998) o el Convenio de Estambul (2011) han sido fundamentales para establecer obligaciones jurídicas claras. En particular, el Convenio de Estambul ha supuesto un avance decisivo al definir la violencia de género como una forma de violencia estructural que afecta a mujeres por el hecho de serlo, y al exigir un enfoque integral que contemple la prevención, la protección de las víctimas, la persecución de los agresores y políticas de sensibilización.

A nivel estatal, estas directrices internacionales han sido incorporadas mediante leyes específicas. En el caso de España, la Ley Orgánica 1/2004 de Medidas de Protección Integral contra la Violencia de Género supuso el reconocimiento jurídico más relevante hasta la fecha. Esta norma no solo introduce medidas judiciales y policiales, sino que promueve una respuesta multidisciplinar e incorpora la perspectiva de género en ámbitos como la educación, la salud, los medios de comunicación o los servicios sociales. Asimismo, establece que la violencia de género es una expresión de las relaciones de poder desiguales entre hombres y mujeres, lo que implica abordarla no como un delito común, sino como una cuestión estructural y sistémica.

Con los años, la legislación se ha ido ampliando para integrar nuevas formas de violencia y nuevas categorías de víctimas. La Ley Orgánica 8/2021, de protección integral a la infancia y la adolescencia frente a la violencia, reconoce a niñas, niños y adolescentes como víctimas directas cuando están expuestos a la violencia de género en sus entornos familiares. Este reconocimiento supone un cambio fundamental, ya que obliga a los sistemas de protección a intervenir de forma activa y específica en su defensa, garantizando su seguridad, su bienestar emocional y su derecho a ser escuchados.

Sin embargo, el reconocimiento legal no ha sido homogéneo ni suficiente. Aún existen limitaciones en la aplicación efectiva de las leyes, diferencias territoriales en el acceso a recursos, carencias en la formación del personal profesional, y obstáculos culturales que dificultan la identificación de determinadas formas de violencia, como la psicológica, la económica, el control coercitivo o la violencia digital. Además, muchas víctimas siguen sin denunciar por miedo, dependencia económica, temor a la desprotección institucional o falta de credibilidad de su relato.

En paralelo al reconocimiento jurídico, los medios de comunicación han desempeñado un papel ambivalente en el tratamiento de la violencia de género. Por un lado, su cobertura ha sido esencial para visibilizar la magnitud del problema, sensibilizar a la opinión pública y generar presión social que ha favorecido el cambio legislativo y la mejora de las políticas públicas. La aparición de casos de violencia extrema en la prensa y la televisión ha contribuido a romper el silencio, a humanizar a las víctimas y a exigir una respuesta institucional firme.

No obstante, este papel también ha estado marcado por múltiples contradicciones. En muchos casos, los medios han abordado la violencia de forma sensacionalista, revictimizando a las mujeres, centrando el foco en aspectos morbosos o justificando implícitamente la conducta del agresor. Se ha abusado del lenguaje neutralizador ("crimen pasional", "drama familiar") y se ha presentado a las víctimas como seres débiles, dependientes o sin capacidad de agencia, reforzando estereotipos que perpetúan la desigualdad. La falta de formación en enfoque de género entre profesionales de la comunicación ha favorecido este tipo de prácticas, que a menudo ignoran el contexto estructural de la violencia.

Consciente de esta situación, la legislación española también ha incluido medidas orientadas al ámbito mediático. La Ley 1/2004 insta a los medios a contribuir a la erradicación de la violencia a través de una información responsable y respetuosa con los derechos de las víctimas. Asimismo, se han creado recomendaciones éticas y manuales de buenas prácticas, promovidos por instituciones como el Instituto de la Mujer, el Consejo Audiovisual de Andalucía o el Observatorio de la Imagen de las Mujeres.

A pesar de los avances, persiste una brecha entre la normativa vigente y las prácticas comunicativas reales. Mientras algunos medios han evolucionado hacia un tratamiento más riguroso y comprometido con la igualdad, otros siguen incurriendo en prácticas de espectacularización, trivialización o invisibilización. Esta tensión entre el marco legal y el discurso mediático refleja una lucha simbólica en torno a los sentidos que se construyen sobre la violencia de género, su legitimidad como problema público y su abordaje como cuestión de derechos humanos.

En definitiva, el reconocimiento legal y mediático de la violencia de género ha sido un paso imprescindible para romper el cerco de silencio, promover el cambio cultural y consolidar políticas públicas basadas en los derechos de las mujeres y la infancia. Sin embargo, el reconocimiento formal no garantiza por sí mismo la transformación efectiva de las prácticas. Es necesario un trabajo sostenido, intersectorial y con enfoque de género e interseccional para asegurar que ese reconocimiento se traduzca en cambios reales en la vida de las víctimas, en la actuación de las instituciones y en la cultura colectiva.

3. Violencia doméstica, acoso sexual y su impacto estructural

La violencia de género se expresa a través de múltiples formas que responden a un mismo sistema de dominación y desigualdad. Entre estas manifestaciones, la violencia doméstica y el acoso sexual ocupan un lugar destacado por su extensión, persistencia y por los efectos profundos que generan tanto en las víctimas como en el conjunto de la sociedad. Ambas configuran expresiones diferenciadas pero conectadas de la violencia patriarcal, con un fuerte arraigo estructural y cultural que trasciende los ámbitos donde se producen.

La violencia doméstica designa el conjunto de agresiones físicas, psicológicas, sexuales o económicas que tienen lugar en el seno del hogar, generalmente ejercidas por hombres hacia mujeres y, en muchos casos, también hacia hijas, hijos u otras personas en situación de vulnerabilidad. Aunque su definición legal puede variar según el país, desde una perspectiva de derechos humanos se entiende como una forma específica de violencia de género, especialmente cuando se dirige hacia mujeres en el marco de relaciones afectivas o familiares.

Durante años, la violencia doméstica fue interpretada como una disfunción privada, como un problema de convivencia, sin reconocimiento de sus causas estructurales ni de sus consecuencias sociales. Esta visión contribuyó a invisibilizar el carácter sistemático de la violencia y a despolitizar las relaciones de poder que la sustentan. Hoy sabemos que la violencia doméstica no es un conflicto interpersonal aislado, sino una forma de control y subordinación que responde a un modelo social que naturaliza la jerarquía entre géneros y tolera el uso de la violencia para mantenerla.

El acoso sexual, por su parte, se refiere a cualquier comportamiento de carácter sexual no deseado que atenta contra la dignidad de la persona y crea un entorno intimidatorio, hostil o humillante. Puede manifestarse en forma de comentarios, insinuaciones, tocamientos, chantajes o exhibicionismo, y suele darse en espacios de poder asimétrico, como el ámbito laboral, educativo, institucional o comunitario. Al igual que otras formas de violencia de género, el acoso sexual tiene raíces estructurales: se basa en una cultura de dominación que objetualiza a las mujeres, deslegitima su autonomía y perpetúa relaciones de control y sumisión.

Ambas formas de violencia tienen un impacto que va más allá del daño individual. Sus efectos alcanzan el plano colectivo y estructural, ya que refuerzan la desigualdad, limitan la libertad de las mujeres y generan mecanismos de control social.

Cuando una mujer sufre violencia en su hogar o es acosada en su centro de trabajo o estudio, no solo se vulneran sus derechos fundamentales, sino que se transmite un mensaje de advertencia a todas las mujeres: un recordatorio del precio que pueden pagar por ejercer su libertad, su independencia o su derecho a existir en igualdad.

El impacto estructural de estas violencias se manifiesta en varios niveles. En primer lugar, afecta a la salud física y mental de las víctimas, generando cuadros de ansiedad, depresión, estrés postraumático, trastornos psicosomáticos y aislamiento social. En segundo lugar, tiene consecuencias económicas y laborales, ya que muchas mujeres se ven obligadas a abandonar sus empleos, a reducir su participación en el espacio público o a permanecer en relaciones de dependencia económica. En tercer lugar, reproduce ciclos intergeneracionales de violencia, especialmente cuando niñas, niños y adolescentes crecen en entornos donde la violencia es normalizada o legitimada.

Además, la violencia doméstica y el acoso sexual erosionan la cohesión social y la confianza en las instituciones, especialmente cuando estas fallan en su respuesta. La impunidad, la falta de atención especializada, la revictimización o el descrédito del testimonio de las mujeres contribuyen a deslegitimar el sistema de justicia y refuerzan el miedo a denunciar. La desprotección institucional no es un fenómeno anecdótico, sino una manifestación de la violencia estructural, que convierte a las víctimas en sujetos silenciados, desprotegidos y, a menudo, culpabilizados.

Es importante destacar que tanto la violencia doméstica como el acoso sexual se ven agravados por factores interseccionales que incrementan la vulnerabilidad de determinadas mujeres. Las mujeres migrantes, con discapacidad, racializadas, LBTI+, en situación de pobreza o institucionalizadas enfrentan mayores barreras para acceder a la protección, ser escuchadas o recibir justicia. El enfoque interseccional es, por tanto, imprescindible para comprender la complejidad de estas violencias y para diseñar políticas públicas inclusivas y efectivas.

Desde una perspectiva estructural, tanto la violencia doméstica como el acoso sexual no son fallos del sistema, sino manifestaciones del propio sistema de desigualdad. Para erradicarlas no basta con actuar sobre los casos individuales; es necesario transformar las condiciones que las hacen posibles: los mandatos de género, las relaciones jerárquicas, la distribución desigual del poder, la educación sexista y las culturas institucionales que perpetúan la impunidad. Solo mediante una transformación profunda de las estructuras sociales, culturales y políticas será posible avanzar hacia una sociedad libre de violencia de género en todas sus formas.

4. Violencia institucional y revictimización

La violencia institucional constituye una forma específica de violencia ejercida por el propio sistema cuando, lejos de proteger a las víctimas, perpetúa su sufrimiento a través de prácticas discriminatorias, negligentes, burocráticas o punitivas. En el contexto de la violencia de género, esta forma de violencia representa una vulneración grave de los derechos humanos, al producirse precisamente desde aquellas instancias —como el sistema judicial, sanitario, educativo o de protección social— que deberían garantizar la seguridad, el acceso a la justicia y el bienestar de las personas afectadas.

Se habla de violencia institucional cuando los procedimientos, las actitudes o las omisiones de las instituciones públicas reproducen el daño inicial sufrido por las víctimas. Este fenómeno puede presentarse de manera directa, por ejemplo, mediante el cuestionamiento de la credibilidad del testimonio, la exposición pública innecesaria, el trato deshumanizado o la desprotección frente al agresor. Pero también puede manifestarse de manera más sutil, a través de la ausencia de recursos adecuados, la descoordinación entre servicios, la dilación de los procesos judiciales o la falta de perspectiva de género en la atención profesional.

La revictimización es una de las consecuencias más frecuentes y devastadoras de la violencia institucional. Se produce cuando la persona que ha sufrido violencia, al solicitar ayuda o denunciar los hechos, vuelve a experimentar sufrimiento, inseguridad o vulneración de derechos a causa del trato recibido por parte de quienes deberían asistirla. Esta experiencia puede tener un impacto psicológico severo, generar sentimientos de culpa o vergüenza, y desalentar futuras acciones de protección o denuncia, tanto en la propia víctima como en otras mujeres que observan su caso.

Uno de los elementos que favorece la revictimización es la reproducción de estereotipos sexistas por parte de profesionales o instituciones. El cuestionamiento sobre la conducta de la víctima, su estilo de vida, su forma de vestir, su reacción emocional o su historia previa con el agresor son prácticas que colocan la responsabilidad del daño en quien lo ha sufrido, no en quien lo ha causado. Esta lógica reproduce esquemas de culpabilización profundamente arraigados en la cultura patriarcal, en los que se exige a las mujeres justificar constantemente su sufrimiento, demostrar su inocencia o encajar en un modelo idealizado de "víctima perfecta".

La violencia institucional también se expresa en la falta de respuesta adecuada hacia niñas, niños y adolescentes víctimas de violencia de género, ya sea de forma directa o indirecta. Durante mucho tiempo, estos menores han sido invisibilizados por el sistema, tratados como figuras secundarias en los procesos de protección a sus madres o incluso forzados a mantener vínculos con progenitores violentos bajo el principio erróneo de que lo más importante es preservar el contacto familiar. Esta situación constituye una forma de revictimización institucional que ignora los derechos específicos de la infancia y desconoce el impacto neuropsicológico del trauma en desarrollo.

La existencia de violencia institucional pone de manifiesto los límites del reconocimiento formal de derechos cuando no va acompañado de una implementación efectiva, sensible y transformadora. No basta con que existan leyes o protocolos si las prácticas cotidianas continúan siendo patriarcales, punitivas o insensibles al dolor de las víctimas. La impunidad no se da solo cuando no se condena a los agresores, sino también cuando el sistema fracasa en su obligación de proteger, escuchar, acompañar y reparar.

Este tipo de violencia afecta con mayor intensidad a mujeres que enfrentan múltiples formas de discriminación: mujeres migrantes en situación administrativa irregular, mujeres con discapacidad, mujeres con problemas de salud mental, mujeres sin hogar, mujeres presas, mujeres trans, niñas institucionalizadas o mujeres racializadas. En muchos casos, la institucionalidad no solo no las protege, sino que las sanciona, las estigmatiza o las excluye, lo que refuerza su vulnerabilidad y profundiza la desigualdad estructural.

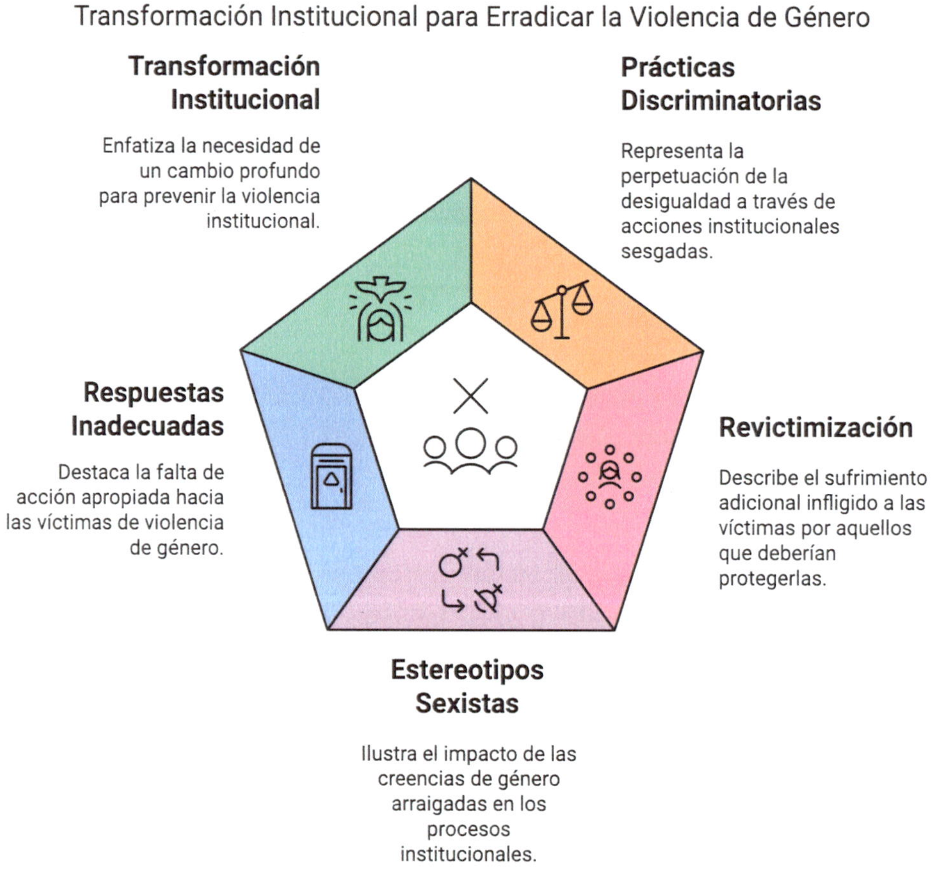

Transformación Institucional para Erradicar la Violencia de Género

Combatir la violencia institucional exige una transformación profunda del funcionamiento institucional. No se trata únicamente de reformar leyes, sino de revisar prácticas, estructuras de poder, modos de atención y relaciones entre profesionales y personas usuarias. Requiere incorporar de manera transversal la perspectiva de género, el enfoque de derechos humanos, la escucha activa y el reconocimiento de la experiencia vivida por las víctimas como fuente legítima de conocimiento. Supone, también, trabajar en la formación continua del personal, fomentar una cultura institucional basada en el buen trato, y garantizar mecanismos eficaces de rendición de cuentas, supervisión y reparación.

La erradicación de la violencia institucional y la prevención de la revictimización son condiciones imprescindibles para construir sistemas de protección verdaderamente accesibles, eficaces y respetuosos con la dignidad humana. En un modelo social comprometido con la igualdad, las instituciones no deben ser espacios de reproducción del daño, sino instrumentos de transformación y justicia para quienes han sido vulneradas.

5. El papel de la opinión pública y los medios de comunicación

La opinión pública y los medios de comunicación desempeñan un papel central en la configuración social del problema de la violencia de género. Ambos no solo reflejan la realidad, sino que la construyen, la interpretan y la legitiman, contribuyendo a definir qué temas merecen atención social, cómo se entienden y qué respuestas se consideran adecuadas o aceptables. En este sentido, el modo en que se representa la violencia de género en el espacio mediático y en el debate público influye decisivamente en la percepción social del fenómeno, en las actitudes individuales frente a las víctimas y en la voluntad colectiva de erradicarla.

Durante décadas, la violencia contra las mujeres fue invisibilizada o banalizada por los medios. El tratamiento informativo reproducía estereotipos sexistas, neutralizaba el lenguaje ("crimen pasional", "drama familiar"), evitaba señalar la desigualdad estructural de género como causa del problema, y se centraba exclusivamente en los casos más extremos, especialmente los asesinatos. Esta cobertura fragmentada y descontextualizada generaba una percepción distorsionada del fenómeno, que aparecía como una sucesión de hechos aislados, protagonizados por individuos "enfermos" o "celosos", y no como una manifestación sistémica de la desigualdad.

Esta construcción mediática limitaba la capacidad de la ciudadanía para identificar otras formas de violencia —como el control emocional, el acoso, la violencia económica o la violencia vicaria— e impedía la comprensión de la violencia como un continuum que atraviesa todos los ámbitos de la vida: la pareja, la familia, la escuela, el trabajo, la calle, las redes sociales o las instituciones. Además, al focalizarse en los aspectos más espectaculares o morbosos de los casos, muchos medios contribuían involuntariamente a la revictimización de las mujeres, exponiendo detalles íntimos, imágenes de sufrimiento o datos personales que vulneraban su derecho a la intimidad y la dignidad.

En las últimas dos décadas, sin embargo, la presión social y feminista, unida a la evolución del marco legal y a la mayor formación de algunos profesionales de la comunicación, ha generado cambios significativos en el tratamiento mediático. Se han desarrollado códigos deontológicos, guías de buenas prácticas y recomendaciones específicas para informar con enfoque de género, respeto a los derechos de las víctimas y rigor profesional. Esta transformación ha permitido que, en ciertos espacios informativos, la violencia de género sea abordada como una cuestión estructural, vinculada a la desigualdad entre hombres y mujeres y tratada con mayor profundidad, contexto y sensibilidad.

No obstante, estos avances conviven con discursos negacionistas o reaccionarios que buscan deslegitimar la existencia de la violencia de género como categoría específica. En algunos sectores de la opinión pública, alimentados por determinados medios de comunicación y actores políticos, se difunden narrativas que relativizan el problema, presentan a las mujeres como denunciantes falsas o manipuladoras, y reclaman un tratamiento "neutral" que diluye el componente estructural de la violencia. Estas posturas no solo obstaculizan la lucha contra la violencia de género, sino que refuerzan los discursos de odio, el retroceso en derechos y la desprotección de las víctimas.

La opinión pública, moldeada por estos discursos, es un terreno de disputa simbólica. Las percepciones sociales influyen en la disposición de las personas a solidarizarse con las víctimas, a intervenir ante situaciones de violencia en su entorno o a apoyar políticas públicas de prevención y protección. Por eso, la formación de una ciudadanía crítica, informada y comprometida es un componente esencial de cualquier estrategia integral contra la violencia de género. La educación mediática, la promoción del pensamiento crítico y el fomento de una cultura del respeto y la igualdad son elementos claves para transformar las representaciones sociales y erradicar los imaginarios que legitiman o normalizan la violencia.

En este proceso, los medios de comunicación tienen una doble responsabilidad: por un lado, evitar la reproducción de estereotipos, la espectacularización del sufrimiento o la reproducción de narrativas sexistas; por otro, contribuir activamente a la construcción de una cultura de los derechos humanos, que visibilice las voces de las mujeres, contextualice los hechos y promueva valores igualitarios. Informar no es un acto neutro: implica posicionarse ética y políticamente frente a la violencia, y asumir que el lenguaje, las imágenes y los silencios también son formas de intervención.

Influencias en la Percepción Social de la Violencia de Género

Redes Sociales
Plataformas digitales que permiten el intercambio de información y la activismo

Opinión Pública
Las creencias y actitudes de la sociedad que influyen en las percepciones de la violencia de género

Educación Mediática
La enseñanza de habilidades críticas para entender y analizar los medios

Medios de Comunicación
Los canales de información que moldean las narrativas y representaciones de la violencia de género

Marcos Legales
Las leyes y regulaciones que abordan y previenen la violencia de género

Presión Social
El impulso colectivo para cambiar actitudes y comportamientos hacia la violencia de género

La era digital, con la expansión de las redes sociales y las nuevas formas de consumo informativo, plantea nuevos desafíos y oportunidades. Por un lado, permite a las víctimas y a los movimientos sociales generar sus propios relatos, denunciar impunidades, visibilizar violencias antes silenciadas y construir redes de apoyo.

Por otro lado, ha facilitado la aparición de nuevas formas de violencia, como el ciberacoso, la difusión no consentida de imágenes íntimas o las campañas de descrédito online, que requieren nuevas estrategias de intervención, regulación y educación.

En definitiva, el papel de la opinión pública y los medios de comunicación en relación con la violencia de género es decisivo. Pueden ser un instrumento de transformación o un obstáculo para el cambio. La forma en que como sociedad narramos, interpretamos y respondemos a la violencia contra las mujeres no solo refleja nuestras estructuras de poder, sino que contribuye a reproducirlas o a desmontarlas. La responsabilidad comunicativa, entendida como compromiso ético y político con la igualdad, constituye por tanto un elemento indispensable para avanzar hacia una sociedad libre de violencias machistas.

Resumen

Este tema del curso aborda el tránsito histórico y político de la violencia de género desde su ocultamiento en la esfera privada hasta su consideración como un grave problema social. Se analiza cómo las normas culturales, jurídicas y mediáticas han contribuido a la invisibilidad de la violencia contra las mujeres, presentándola como un hecho íntimo o familiar, impidiendo su reconocimiento como una vulneración de derechos humanos.

El punto de partida es la comprensión de esta invisibilidad como un fenómeno estructural, legitimado por patrones culturales como el amor romántico o la sumisión femenina.

A partir de la segunda mitad del siglo XX, los movimientos feministas impulsan una resignificación del problema, logrando que se reconozca su carácter político y sistémico. La consigna "lo personal es político" sintetiza esta transformación.

El reconocimiento legal ha sido clave en este proceso. Instrumentos como la CEDAW, el Convenio de Estambul o la Ley Orgánica 1/2004 en España han consolidado un marco jurídico que define la violencia de género como una manifestación del poder patriarcal. Sin embargo, la aplicación efectiva de estas leyes aún enfrenta numerosos desafíos, especialmente en contextos interseccionales.

El acoso sexual y la violencia doméstica son tratadas como expresiones específicas de la violencia estructural. Se examina su impacto no solo a nivel individual, sino como mecanismos de control social y perpetuación de la desigualdad. También se analiza el acoso en entornos laborales, educativos e institucionales.

La violencia institucional y la revictimización son abordadas como formas de violencia secundaria que ocurren cuando el sistema falla en proteger y acompañar a las víctimas. Se denuncia la falta de formación, sensibilidad y recursos, y se subraya la importancia de la perspectiva de género y la escucha activa como ejes de transformación institucional.

El papel de la opinión pública y de los medios de comunicación se identifica como un campo clave de disputa. Mientras algunos avances han permitido una mayor sensibilización y representación adecuada, persisten prácticas comunicativas que revictimizan o banalizan la violencia. La educación mediática y el compromiso ético del periodismo aparecen como condiciones fundamentales para construir una cultura democrática y de derechos.

En conjunto, el tema destaca la necesidad de abordar la violencia de género desde una mirada sistémica, crítica e interseccional, donde instituciones, ciudadanía y medios de comunicación asuman un papel activo en la erradicación de las violencias machistas.

UNIDAD

1.3. Estrategias y Casos de Uso

Contenido de la Unidad

ICB
EDITORES

1. Personalización en Tiempo Real

1.1. Cómo adaptar mensajes y contenido en tiempo real.

♦ **Introducción**

En un mercado cada vez más competitivo y dinámico, los consumidores demandan experiencias altamente personalizadas y, sobre todo, inmediatas. Esto ha llevado a que la personalización en tiempo real se convierta en una de las estrategias más valiosas para las marcas que desean destacar. La capacidad de adaptar mensajes y contenido en el momento justo permite no solo captar la atención del cliente, sino también fortalecer su relación con la marca, al ofrecerle soluciones relevantes exactamente cuando las necesita. En este capítulo exploraremos cómo lograr esta conexión instantánea, los elementos clave para implementarla y los beneficios que ofrece.

1.1.1. Elementos clave para la personalización en tiempo real

La personalización en tiempo real se fundamenta en tres pilares esenciales: datos en tiempo real, análisis predictivo y automatización inteligente. Cada uno de ellos desempeña un papel crucial para garantizar que los mensajes y contenidos sean precisos y contextuales.

♦ **Datos en tiempo real.**

Los datos en tiempo real son el núcleo de esta estrategia. Cada interacción del usuario, ya sea un clic en una página web, un comentario en redes sociales o la consulta de productos, genera información valiosa que puede convertirse en acciones concretas. Por ejemplo, cuando un cliente añade un artículo al carrito y luego abandona el sitio, un sistema bien diseñado puede detectar este comportamiento e inmediatamente enviarle un recordatorio con un incentivo, como un descuento. Sin embargo, para que esto sea posible, es necesario contar con herramientas avanzadas que permitan procesar grandes volúmenes de información en milisegundos. Servicios como Amazon Kinesis o Google BigQuery son ejemplos de tecnologías que habilitan este tipo de procesos.

- **Análisis predictivo.**

Una vez recopilados los datos, es fundamental analizarlos y convertirlos en insights accionables. Aquí entra en juego el análisis predictivo, que utiliza algoritmos y modelos matemáticos para prever el comportamiento futuro del cliente. Por ejemplo, si un usuario consulta repetidamente un producto en diferentes visitas, el sistema puede anticipar que está considerando una compra y ofrecerle contenido específico, como reseñas de otros usuarios o comparativas de precios. El análisis predictivo permite ir más allá de responder a lo que el usuario hace, para adelantarse a lo que podría necesitar.

- **Automatización inteligente.**

Finalmente, la automatización inteligente conecta los datos y el análisis con acciones concretas. Las plataformas de automatización permiten enviar mensajes personalizados, ajustar el contenido de una página web o modificar dinámicamente un anuncio publicitario en cuestión de segundos. Por ejemplo, un cliente que busca destinos de viaje podría recibir recomendaciones específicas basadas en su ubicación actual o en el clima de su ciudad. Estas acciones no solo aumentan la relevancia del contenido, sino que también mejoran la experiencia general del usuario.

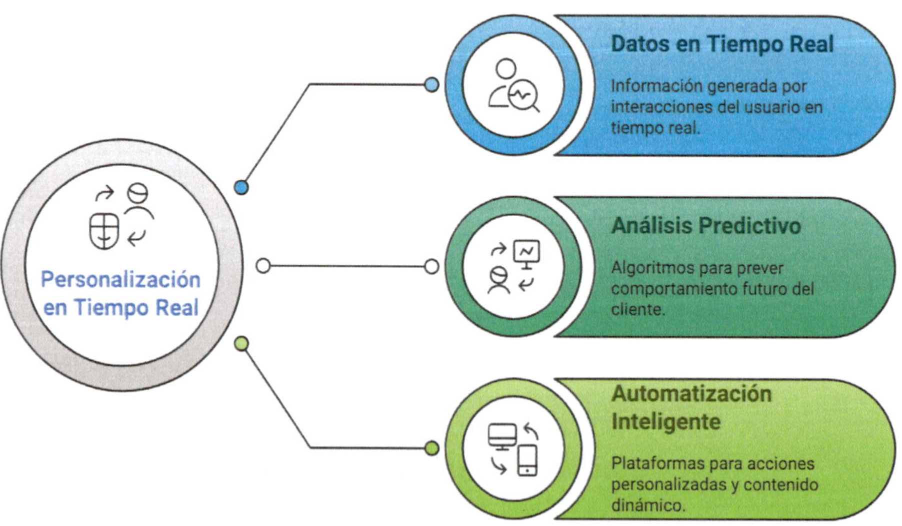

1.1.2. Tecnologías necesarias

Para implementar la personalización en tiempo real de manera efectiva, es indispensable contar con una combinación robusta de herramientas tecnológicas, que trabajen en armonía para recolectar, analizar y actuar en base a los datos proporcionados por los usuarios. A continuación, se detallan algunas de las tecnologías más utilizadas en este ámbito:

Plataformas de experiencia digital (DXP): Estas plataformas permiten integrar diversas fuentes de datos y personalizar experiencias a través de múltiples canales, ofreciendo una visión integral del cliente y sus interacciones.

Sistemas de gestión de contenido dinámico (CMS): Estas herramientas ajustan el contenido de un sitio web en tiempo real, según el perfil y comportamiento del usuario que lo visita, asegurando que cada interacción sea relevante y personalizada.

Automatización de marketing: Herramientas especializadas como HubSpot, Marketo o Active Campaign permiten enviar mensajes personalizados en el momento oportuno, basándose en el comportamiento y las preferencias del usuario, lo que incrementa la efectividad de las campañas de marketing.

Motores de recomendación: Estas tecnologías analizan las preferencias y el historial de navegación del usuario para sugerir productos o servicios que sean de su interés, mejorando así la experiencia de compra y aumentando las probabilidades de conversión.

La personalización en tiempo real es una poderosa estrategia que, cuando se implementa correctamente, puede transformar la manera en que las empresas interactúan con sus clientes, ofreciendo experiencias altamente relevantes y oportunas que fomentan la lealtad y el compromiso.

1.1.3. Estrategias prácticas

Existen múltiples formas de aplicar la personalización en tiempo real, adaptándose a los objetivos y recursos de cada empresa. Algunas de las estrategias más efectivas incluyen:

- **Personalización del sitio web.**

  Un sitio web que se adapta al comportamiento del usuario puede incrementar significativamente las tasas de conversión. Por ejemplo, una tienda online puede destacar productos específicos según el historial de navegación del cliente o su ubicación geográfica. En un día lluvioso, un minorista de ropa podría resaltar impermeables y botas en su página de inicio para los clientes ubicados en áreas afectadas por la lluvia.

- **Email marketing dinámico.**

  Los correos electrónicos también pueden beneficiarse de la personalización en tiempo real. Si un usuario abre un correo y el producto destacado ya no está disponible, el sistema puede actualizar el contenido automáticamente para mostrar alternativas relevantes. Esto no solo mejora la experiencia del cliente, sino que también maximiza las oportunidades de venta.

- **Publicidad adaptativa.**

  Los anuncios dinámicos permiten ajustar el mensaje en función de la interacción previa del usuario. Un cliente que ha buscado vuelos a una ciudad específica puede recibir anuncios con paquetes turísticos o descuentos en hoteles de ese destino.

- **Notificaciones push.**

  Estas alertas, enviadas al móvil o al navegador del cliente, son especialmente útiles para captar su atención en tiempo real. Desde recordatorios de carritos abandonados hasta promociones exclusivas, las notificaciones push son una forma directa y efectiva de conectar con el usuario.

1.1.4. Beneficios clave

- **Mayor relevancia: conectando de forma única con cada usuario**

  Cuando un cliente percibe que una marca entiende sus necesidades, el impacto va mucho más allá de la simple interacción comercial. La personalización en tiempo real permite que cada usuario sienta que el contenido, las recomendaciones o los mensajes que recibe están diseñados específicamente para él, como si la marca hablara directamente con su historia, intereses y deseos. Esta conexión emocional, tejida a partir de detalles precisos y acciones inmediatas, transforma una interacción genérica en una experiencia significativa y personal. Por ejemplo, un cliente que recibe una recomendación de productos justo después de expresar una necesidad concreta percibirá no solo la utilidad de la propuesta, sino también el interés genuino de la marca por ofrecerle valor. Este nivel de relevancia convierte al cliente en más que un consumidor: lo convierte en un aliado que asocia a la marca con momentos de atención y cuidado.

- **Aumento de la conversión: un impulso directo al éxito comercial**

  La capacidad de personalizar mensajes en tiempo real se traduce directamente en resultados medibles. Cuando los clientes reciben información que resuena con sus intereses, la probabilidad de que tomen una acción deseada –ya sea realizar una compra, registrarse en un servicio o responder a una oferta– aumenta considerablemente. Esto no ocurre por casualidad. En el mundo del marketing, la relevancia es sinónimo de oportunidad. Cuando un cliente está navegando por una página web y aparece una oferta específica que responde a su búsqueda reciente o una sugerencia basada en su historial de compras, el proceso de decisión se simplifica. El cliente siente que ha encontrado exactamente lo que necesitaba, justo en el momento adecuado. Este fenómeno, impulsado por datos y tecnología, crea un puente entre la intención del usuario y la acción, eliminando fricciones y aumentando la tasa de conversión de manera significativa. Las marcas que dominan este arte logran no solo captar la atención de sus clientes, sino también transformar esa atención en decisiones concretas.

- **Mejora de la lealtad del cliente: construyendo relaciones duraderas**

  La lealtad del cliente no se construye de un día para otro; se forja a través de una serie de experiencias positivas que generan confianza y apego hacia la marca. La personalización en tiempo real es un componente clave en este proceso, ya que permite crear momentos únicos y memorables que el cliente valora profundamente. Cuando un usuario siente que una marca lo entiende y anticipa sus necesidades, se establece un lazo de confianza que refuerza la relación. Por ejemplo, recibir una recomendación personalizada para un regalo perfecto antes de una fecha importante o un mensaje oportuno que celebra un hito personal genera una impresión duradera. Estas interacciones, por simples que parezcan, demuestran que la marca no solo busca vender, sino también construir una relación significativa. Con el tiempo, esta atención personalizada transforma al cliente en un defensor leal, alguien dispuesto no solo a regresar, sino también a recomendar la marca a otros.

La personalización en tiempo real es una estrategia poderosa que responde a la demanda de experiencias inmediatas y relevantes. Implementarla requiere una infraestructura tecnológica robusta y un enfoque centrado en el cliente, pero los beneficios superan con creces el esfuerzo inicial. Al adaptar mensajes y contenido en tiempo real, las empresas no solo fortalecen sus relaciones con los consumidores, sino que también ganan una ventaja competitiva significativa en un mercado cada vez más dinámico.

1.2. Publicidad programática y su efectividad.

En el vasto universo digital, donde cada clic, scroll y búsqueda deja una huella, la publicidad programática se ha convertido en una herramienta esencial para maximizar la relevancia de los mensajes publicitarios. Esta técnica utiliza algoritmos y datos en tiempo real para comprar espacios publicitarios y dirigir anuncios personalizados a audiencias específicas, asegurando que el contenido llegue a las personas adecuadas en el momento justo. Su efectividad no radica solo en la automatización del proceso, sino en su capacidad para transformar la experiencia publicitaria en algo casi hecho a medida para cada usuario.

1.2.1. El funcionamiento de la publicidad programática

La publicidad programática se basa en la automatización de la compra y venta de espacios publicitarios, eliminando muchas de las negociaciones tradicionales entre anunciantes y editores. Este proceso, impulsado por inteligencia artificial y big data, permite identificar en milisegundos qué usuarios tienen más probabilidades de interactuar con un anuncio y mostrarles contenido altamente relevante. Todo comienza con las **subastas en tiempo real (RTB, por sus siglas en inglés)**, donde cada impresión publicitaria es valorada y adquirida instantáneamente según los datos del usuario. Esto incluye información como su historial de navegación, ubicación, intereses y comportamiento en línea.

Por ejemplo, un usuario que busca constantemente productos de tecnología en línea puede recibir un anuncio programático de una oferta exclusiva en laptops justo cuando visita un sitio de noticias. Este enfoque no solo mejora la relevancia del anuncio, sino que también maximiza el retorno de inversión del anunciante al garantizar que los recursos publicitarios se utilicen de manera eficiente.

1.2.2. Ventajas clave de la publicidad programática

La efectividad de la publicidad programática se mide a través de varias métricas, pero sus beneficios más destacados son:

- **Precisión y segmentación avanzada.**

  La publicidad programática permite segmentar audiencias con un nivel de detalle sin precedentes. Los anunciantes pueden dirigirse a usuarios específicos según datos demográficos, intereses, comportamientos y hasta el contexto en tiempo real. Esto significa que una campaña diseñada para promocionar ropa deportiva no solo llegará a personas interesadas en moda, sino a quienes han mostrado interés reciente en actividades como el running o el yoga.

- **Optimización de costos y recursos.**

  Al eliminar intermediarios y automatizar procesos, la publicidad programática reduce significativamente los costos asociados con las campañas publicitarias. Además, su modelo basado en subastas asegura que los anunciantes solo paguen por impresiones relevantes, mejorando el retorno de la inversión.

- **Medición y ajuste en tiempo real.**

  Una de las mayores fortalezas de la publicidad programática es su capacidad para medir el rendimiento de las campañas en tiempo real. Los anunciantes pueden ver qué anuncios están funcionando mejor, qué audiencias generan más interacciones y ajustar la estrategia sobre la marcha. Esto garantiza que los recursos se destinen a las tácticas más efectivas.

♦ **Experiencia publicitaria personalizada.**

Para los consumidores, la publicidad programática ofrece una experiencia menos intrusiva y más relevante. En lugar de ver anuncios genéricos que no resuenan con sus intereses, los usuarios encuentran contenido que se alinea con sus necesidades y preferencias, mejorando su percepción de la marca.

Ventajas de la publicidad programática

1.2.3. Ejemplos de éxito en publicidad programática

Grandes marcas han demostrado el poder de la publicidad programática al diseñar campañas que combinan creatividad y precisión. Por ejemplo, Coca-Cola utilizó esta tecnología para lanzar anuncios personalizados durante eventos deportivos, mostrando contenido distinto según la ubicación de los espectadores y sus equipos favoritos.

De manera similar, Amazon optimiza sus campañas de publicidad en línea para destacar productos complementarios basados en las compras recientes de los usuarios, aumentando las tasas de conversión significativamente.

Otro ejemplo destacado es el sector del turismo, donde las agencias de viajes y aerolíneas utilizan publicidad programática para ofrecer paquetes y promociones adaptados al comportamiento reciente del usuario. Si alguien busca vuelos a París, es probable que poco después reciba anuncios de hoteles en la ciudad, entradas a museos o incluso descuentos en excursiones.

1.2.4. Retos y consideraciones éticas

A pesar de sus muchas ventajas, la publicidad programática enfrenta desafíos que deben ser considerados. Uno de los principales es el manejo ético de los datos de los usuarios. En un mundo cada vez más consciente de la privacidad, las marcas deben asegurarse de cumplir con regulaciones como el GDPR en Europa o el CCPA en California, garantizando que los datos se utilicen de manera responsable y transparente.

Además, es crucial evitar la percepción de que los anuncios son demasiado intrusivos o invasivos. Para lograrlo, las empresas deben centrarse en la relevancia del contenido y en proporcionar un valor real al usuario.

La publicidad programática no solo ha revolucionado la forma en que las marcas llegan a sus audiencias, sino que también ha establecido un nuevo estándar de efectividad en el mundo del marketing digital. Al combinar datos, tecnología e inteligencia artificial, esta estrategia permite a las empresas maximizar el impacto de sus campañas mientras brindan a los consumidores experiencias más personalizadas y satisfactorias. En un entorno en constante evolución, la publicidad programática sigue siendo una de las herramientas más poderosas para conectar con los usuarios de manera relevante y efectiva.

1.3. Uso de chatbots inteligentes y asistentes virtuales.

En la era digital, los consumidores no solo valoran la inmediatez en la atención al cliente, sino también la capacidad de las marcas para interactuar con ellos de manera natural y personalizada. Los chatbots inteligentes y los asistentes virtuales han emergido como herramientas clave para cumplir con estas expectativas. Alimentados por inteligencia artificial (IA) y aprendizaje automático, estos sistemas pueden responder preguntas, resolver problemas y ofrecer recomendaciones en tiempo real, revolucionando la forma en que las empresas se comunican con sus clientes.

1.3.1. La evolución de los chatbots: de respuestas simples a interacciones humanas

Los primeros chatbots eran programas rudimentarios capaces de responder únicamente a preguntas básicas mediante respuestas predefinidas. Sin embargo, con los avances en el procesamiento del lenguaje natural (PLN) y las redes neuronales profundas, los chatbots actuales pueden interpretar el contexto, captar la intención del usuario e incluso aprender con el tiempo. Esto significa que, en lugar de simplemente responder a preguntas directas, ahora pueden participar en conversaciones complejas, ofreciendo soluciones personalizadas y relevantes.

Por ejemplo, un chatbot en una tienda de moda online puede ayudar a un cliente a encontrar el vestido perfecto para una ocasión especial, haciendo preguntas como el estilo preferido, el rango de precios o incluso el clima del lugar donde será el evento. Este nivel de interacción no solo mejora la experiencia del usuario, sino que también refuerza la percepción de que la marca está realmente interesada en satisfacer sus necesidades.

1.3.2. Asistentes virtuales: un paso más allá en personalización

Mientras que los chatbots suelen estar integrados en sitios web o aplicaciones de mensajería, los asistentes virtuales como Alexa, Siri o Google Assistant tienen un alcance más amplio. Estas herramientas actúan como un punto de conexión entre los usuarios y una variedad de servicios, desde gestionar agendas y realizar compras hasta controlar dispositivos inteligentes en el hogar.

Los asistentes virtuales no solo responden a las solicitudes del usuario, sino que también pueden anticiparse a sus necesidades. Por ejemplo, si un usuario pide a su asistente que le recuerde comprar café, el sistema puede sugerir automáticamente una marca basada en compras anteriores o incluso ofrecer descuentos en tiendas cercanas. Este enfoque proactivo convierte a los asistentes virtuales en aliados indispensables para la vida cotidiana, consolidando su papel en el ecosistema de personalización en tiempo real.

1.3.3. Ventajas del uso de chatbots y asistentes virtuales

Los chatbots inteligentes y asistentes virtuales aportan múltiples beneficios tanto para las empresas como para los clientes:

- **Disponibilidad 24/7.**

Estos sistemas están siempre disponibles, garantizando que los clientes reciban atención en cualquier momento del día, incluso fuera del horario laboral. Esto no solo mejora la satisfacción del cliente, sino que también reduce la carga de trabajo del equipo humano.

- **Interacciones personalizadas.**

Gracias al uso de inteligencia artificial, los chatbots pueden analizar datos históricos y comportamientos en tiempo real para ofrecer respuestas personalizadas. Por ejemplo, un usuario que realiza consultas frecuentes sobre vuelos recibirá recomendaciones específicas de destinos o promociones.

- **Eficiencia y escalabilidad.**

Los chatbots pueden manejar múltiples consultas simultáneamente, lo que permite a las empresas atender a un gran número de clientes sin necesidad de aumentar significativamente su infraestructura o personal.

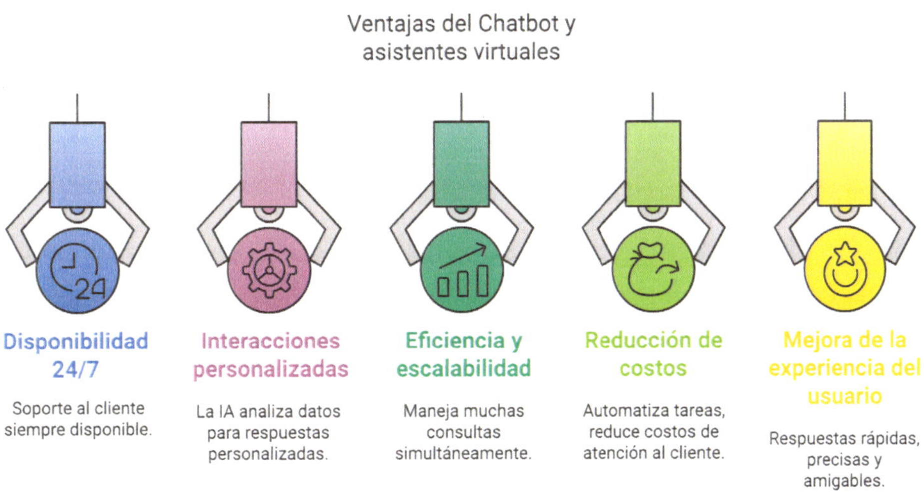

- **Reducción de costos.**

Al automatizar tareas repetitivas y de bajo valor, las empresas pueden reducir los costos asociados con la atención al cliente, mientras reservan el talento humano para resolver problemas más complejos.

- **Experiencia de usuario mejorada.**

  La rapidez y precisión de las respuestas, junto con la capacidad de mantener un tono amigable y profesional, contribuyen a una experiencia de usuario más satisfactoria y memorable.

1.3.4. Ejemplos de implementación exitosa

El uso de chatbots y asistentes virtuales ha ganado tracción en una variedad de sectores:

- **E-commerce:** Plataformas como Shopify y Amazon utilizan chatbots para resolver dudas de los clientes, recomendar productos y facilitar el seguimiento de pedidos.
- **Banca:** Entidades financieras como Bank of America han implementado asistentes virtuales como Erica, que ayuda a los usuarios a gestionar sus finanzas, realizar transferencias y controlar sus gastos.
- **Salud:** Chatbots como Florence permiten a los pacientes recibir recordatorios de medicamentos, consejos de salud personalizados e información sobre síntomas.
- **Viajes:** Empresas como Expedia emplean chatbots para buscar vuelos, reservar alojamientos y gestionar cambios en itinerarios, ofreciendo respuestas rápidas y precisas.

1.3.5. Desafíos y consideraciones éticas

Aunque los chatbots y asistentes virtuales ofrecen grandes ventajas, también presentan desafíos importantes. Uno de ellos es garantizar una interacción auténtica y natural, evitando que las respuestas se perciban como mecánicas o genéricas. Asimismo, el manejo de datos personales plantea preocupaciones sobre privacidad y seguridad. Para construir confianza, las empresas deben ser transparentes sobre el uso de los datos y garantizar que cumplen con normativas como el GDPR o el CCPA.

Otro desafío es la integración de estos sistemas con la infraestructura existente de las empresas. La implementación de un chatbot o asistente virtual eficaz requiere no solo inversión en tecnología, sino también formación del equipo para supervisar y mejorar continuamente las interacciones.

Los chatbots inteligentes y asistentes virtuales representan una revolución en la manera en que las empresas se relacionan con sus clientes, combinando inmediatez, personalización y escalabilidad. Si bien su implementación requiere cuidado y estrategia, los beneficios en términos de eficiencia operativa, reducción de costos y mejora de la experiencia del cliente son innegables. En un entorno digital en constante evolución, estas herramientas no solo se han convertido en un recurso clave, sino en un componente esencial para ofrecer experiencias personalizadas en tiempo real.

2. Omnicanalidad y la Experiencia del Usuario

2.1. Integración de canales digitales y físicos

En un mundo donde las líneas entre lo físico y lo digital se desdibujan cada vez más, las empresas tienen el desafío de ofrecer a sus clientes una experiencia fluida y cohesionada a través de todos los puntos de contacto. La integración de canales digitales y físicos, conocida como omnicanalidad, es clave para responder a las demandas de los consumidores modernos, que esperan interactuar con las marcas de forma consistente, independientemente del canal que elijan.

2.1.1. La esencia de la omnicanalidad

La omnicanalidad va más allá de simplemente estar presente en múltiples plataformas. Su verdadero objetivo es ofrecer una experiencia unificada, donde los clientes puedan comenzar una interacción en un canal y continuarla sin problemas en otro. Por ejemplo, un cliente puede buscar un producto en la página web de una tienda, verificar su disponibilidad en una sucursal física y luego decidir recogerlo en persona o recibirlo en su domicilio. Todo esto debe ocurrir de manera fluida, sin que el cliente tenga que repetir información o enfrentarse a inconsistencias.

Este enfoque se basa en la premisa de que los consumidores no piensan en términos de canales. Para ellos, la marca es una sola entidad, y esperan que todas sus interacciones reflejen esa unidad. Lograr esta integración requiere un sólido ecosistema tecnológico y organizacional, donde los datos y las operaciones estén interconectados.

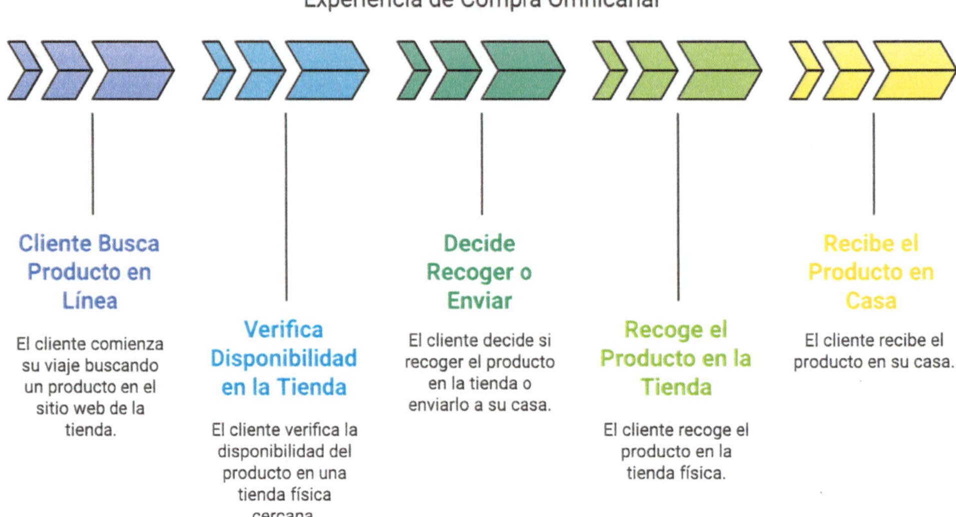

2.1.2. Beneficios de la integración de canales digitales y físicos

El éxito en la implementación de una estrategia omnicanal ofrece múltiples ventajas, tanto para los clientes como para las empresas:

- Experiencia del cliente mejorada.

  Los consumidores valoran la conveniencia y la consistencia. Cuando una marca ofrece opciones como la recogida en tienda tras una compra online, la devolución de productos en cualquier sucursal o el acceso a promociones exclusivas en ambos entornos, se crea una experiencia más atractiva y funcional.

- Mayor lealtad y compromiso.

  Una experiencia omnicanal bien diseñada fomenta una conexión más fuerte con la marca. Los clientes que perciben un servicio integrado y coherente son más propensos a regresar y recomendar la marca a otros.

- Aumento de las ventas.

  La integración de canales permite a las empresas maximizar las oportunidades de venta.

Por ejemplo, los clientes que visitan una tienda física después de interactuar con un canal digital suelen gastar más, ya que la experiencia combina la inmediatez del entorno físico con la conveniencia de lo digital.

- Mejor uso de datos.

  Al conectar todos los canales, las empresas obtienen una visión completa del comportamiento del cliente. Esto les permite analizar patrones, personalizar ofertas y tomar decisiones informadas basadas en datos.

2.1.3. Casos prácticos de integración omnicanal

Muchas empresas líderes han implementado estrategias omnicanal que sirven como referencia para otras organizaciones:

- **Nike:** La marca deportiva combina sus aplicaciones móviles, sitio web y tiendas físicas para ofrecer una experiencia integrada. Los clientes pueden diseñar sus propios productos online, recogerlos en la tienda y obtener asesoramiento personalizado mientras realizan compras adicionales.
- **Starbucks:** Su programa de recompensas permite a los clientes acumular puntos independientemente del canal que utilicen. Los usuarios pueden recargar su saldo en la aplicación móvil, pedir desde su teléfono y recoger su pedido en la tienda más cercana sin interrupciones.
- **Ikea:** Esta empresa sueca ha integrado su experiencia digital y física a través de herramientas como un planificador en línea, que permite a los clientes diseñar espacios desde casa y luego acudir a la tienda para recibir asesoramiento y realizar compras complementarias.

2.1.4. Tecnología y estrategias para la integración omnicanal

Lograr una experiencia omnicanal requiere que las empresas inviertan en un ecosistema tecnológico robusto que conecte de manera fluida todos los puntos de contacto con el cliente. Esto implica no solo adoptar herramientas específicas, sino también diseñar estrategias que integren los datos, las operaciones y la comunicación de manera efectiva. A continuación, exploramos las tecnologías clave y cómo estas contribuyen a la construcción de una experiencia omnicanal cohesiva.

Sistemas de gestión de relaciones con clientes (CRM)

Los sistemas de gestión de relaciones con clientes (CRM, por sus siglas en inglés) son el núcleo de una estrategia omnicanal efectiva. Estas plataformas permiten centralizar toda la información del cliente, desde sus datos demográficos hasta su historial de compras e interacciones en múltiples canales.

Imagina que un cliente ha realizado una consulta a través de un chatbot, visitó una tienda física para probar un producto y luego completó la compra en la tienda online. Un CRM bien implementado asegura que esta información esté disponible para todos los puntos de contacto. Esto no solo mejora la experiencia del cliente, sino que también permite a la empresa ofrecer recomendaciones más relevantes, personalizar promociones y anticiparse a las necesidades del consumidor.

Además, los CRM modernos, como Salesforce, HubSpot o Zoho CRM, integran análisis avanzados y funcionalidades de automatización que permiten segmentar a los clientes en tiempo real. Por ejemplo, si un cliente abandona su carrito de compras, el sistema puede enviar automáticamente un correo recordatorio con un descuento exclusivo.

Plataformas de comercio unificado

Las plataformas de comercio unificado son esenciales para conectar las operaciones de los canales digitales y físicos. Herramientas como Shopify Plus, Magento o BigCommerce ofrecen una solución integrada que permite gestionar inventarios, pedidos y transacciones de manera coordinada en todos los puntos de venta.

Por ejemplo, si un cliente compra un producto online y decide devolverlo en una tienda física, la plataforma unificada asegura que esta transacción se registre correctamente en ambos sistemas. Esto evita problemas como el exceso de inventario en una ubicación o la falta de stock en otra.

Además, estas plataformas permiten crear experiencias más dinámicas y convenientes para los clientes. Por ejemplo, al combinar datos de comportamiento online con la disponibilidad en tiendas físicas, un minorista puede enviar notificaciones sobre productos disponibles en una sucursal cercana, incentivando visitas al punto de venta.

Análisis de datos en tiempo real

El análisis de datos en tiempo real es un pilar fundamental para la integración omnicanal, ya que permite a las empresas tomar decisiones informadas y ajustar sus estrategias al momento.

Herramientas como Google Analytics, Tableau, Power BI y Looker facilitan la recopilación y visualización de datos clave sobre el comportamiento del cliente en todos los canales.

Por ejemplo, un retailer puede rastrear el trayecto del cliente desde que interactúa con un anuncio en redes sociales, hasta que visita la tienda física o realiza una compra online. Este análisis no solo permite identificar patrones de comportamiento, sino también detectar puntos débiles en la experiencia del cliente, como un proceso de pago complicado o la falta de sincronización en las promociones.

Además, el análisis predictivo, habilitado por estas herramientas, ayuda a anticipar las necesidades del cliente.

Por ejemplo, si un cliente compra regularmente productos específicos en ciertas fechas, el sistema puede recomendar ofertas personalizadas justo a tiempo, aumentando la probabilidad de conversión.

Opciones flexibles de logística

La logística flexible es uno de los mayores diferenciadores de una experiencia omnicanal. Servicios como "compra online y recoge en tienda" (BOPIS, por sus siglas en inglés), "compra en tienda y recibe en casa" (BOSS, por sus siglas en inglés) y las entregas el mismo día combinan lo mejor de los canales digitales y físicos para satisfacer las expectativas de los clientes.

Por ejemplo, un cliente que necesita un producto con urgencia puede buscarlo en la tienda online, verificar su disponibilidad en una sucursal cercana y recogerlo en cuestión de minutos. Esto no solo mejora la experiencia del usuario, sino que también incrementa las ventas impulsivas, ya que el cliente puede decidir comprar otros productos adicionales al visitar la tienda.

Además, la logística flexible requiere sistemas avanzados de gestión de inventario (IMS, por sus siglas en inglés) que mantengan actualizados los datos de stock en tiempo real. Esto asegura que las promesas hechas al cliente, como la disponibilidad del producto o los tiempos de entrega, se cumplan con precisión. Empresas como Amazon, Zara y Walmart son ejemplos de marcas que han optimizado su logística para ofrecer opciones convenientes y confiables a sus clientes.

2.1.5. Estrategias para una integración exitosa

La implementación de estas tecnologías debe ir acompañada de estrategias bien definidas que garanticen una experiencia omnicanal consistente:

1. **Unificar datos en una única plataforma.**

   Consolidar toda la información del cliente en un solo lugar evita duplicidades y asegura que todos los departamentos trabajen con los mismos datos. Esto facilita la personalización de las interacciones y la coordinación de campañas en múltiples canales.

2. **Capacitar al personal.**

   La tecnología por sí sola no es suficiente. Es crucial formar a los equipos para que comprendan cómo usar las herramientas y cómo integrarlas en sus procesos diarios. Desde el personal de ventas hasta los responsables de logística, todos deben estar alineados con los objetivos omnicanal.

3. **Medir y optimizar constantemente.**

   Una estrategia omnicanal exitosa no es estática. Es fundamental analizar continuamente los resultados y ajustar las tácticas en función de las necesidades cambiantes de los clientes y las condiciones del mercado.

4. **Priorizar la experiencia del cliente.**

   La tecnología debe ser una herramienta para mejorar la experiencia del cliente, no un fin en sí misma. Todas las decisiones tecnológicas y estratégicas deben centrarse en cómo agregar valor al usuario final.

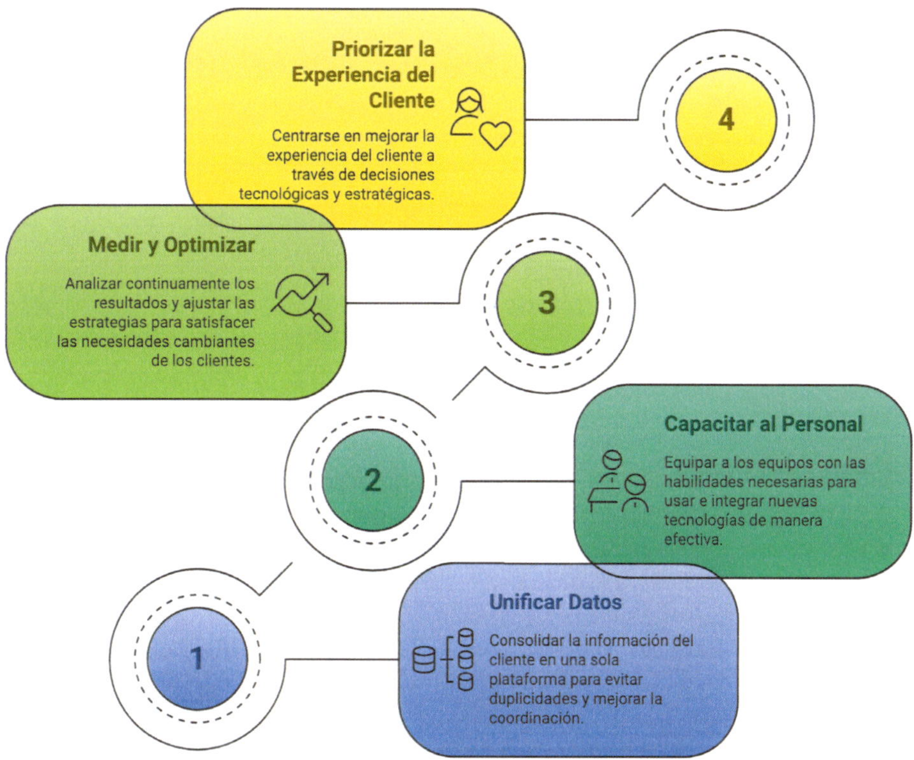

Aunque la integración omnicanal ofrece múltiples beneficios, también presenta desafíos importantes. Uno de ellos es la consistencia en el mensaje de la marca. Las empresas deben asegurarse de que todos los canales reflejen la misma identidad y valores. Otro reto es la inversión tecnológica, ya que lograr una integración completa puede requerir recursos significativos. Sin embargo, estos desafíos se ven compensados por los resultados a largo plazo, como el aumento de la satisfacción del cliente y la lealtad hacia la marca.

La integración de canales digitales y físicos no es solo una tendencia, sino una necesidad para las empresas que buscan mantenerse relevantes en un mercado en constante evolución. Al ofrecer una experiencia fluida y cohesiva, las marcas pueden no solo satisfacer las expectativas de los consumidores modernos, sino también fortalecer su posición competitiva y construir relaciones duraderas con sus clientes.

La omnicanalidad es, en esencia, la promesa de que no importa dónde esté el cliente, la marca estará allí para atenderlo de manera consistente y significativa.

2.2. Estrategias para personalización cruzada

La personalización cruzada es una estrategia clave en la omnicanalidad que permite a las marcas conectar de manera inteligente y coherente los diferentes puntos de contacto, tanto físicos como digitales, para ofrecer experiencias únicas y relevantes a los clientes.

A través de esta estrategia, las empresas no solo unifican su comunicación, sino que también aprovechan los datos obtenidos en un canal para enriquecer las interacciones en otro, creando un ecosistema integrado que fomenta la fidelidad y las ventas.

Estrategia de Personalización Cruzada

Aumento de Ventas

Impulso de las ventas a través de estrategias de marketing personalizadas

Integración de Canales

Conexión de puntos de contacto físicos y digitales

Fidelización del Cliente

Fomento de la lealtad a través de experiencias personalizadas

Utilización de Datos

Aprovechamiento de datos de un canal para mejorar otro

Experiencia del Cliente

Creación de interacciones personalizadas y consistentes

2.2.1. ¿Qué es la personalización cruzada?

La personalización cruzada implica el uso de datos y conocimientos obtenidos de un canal para personalizar y enriquecer la experiencia del cliente en otro. Por ejemplo, un cliente que compra un producto en una tienda física puede recibir un correo electrónico personalizado con recomendaciones complementarias basadas en su compra. De la misma forma, un usuario que navega por una tienda online puede encontrar promociones específicas cuando visita una sucursal física.

Este enfoque tiene como objetivo principal garantizar que las interacciones del cliente con la marca sean consistentes y fluidas, independientemente del canal que utilicen. Es una manera de demostrar que la empresa comprende al cliente como una persona única, no como un simple número en un sistema.

2.2.2. Beneficios de la personalización cruzada

La implementación efectiva de estrategias de personalización cruzada aporta múltiples ventajas tanto para las empresas como para los clientes:

Experiencia del cliente mejorada.

La personalización cruzada ofrece un nivel de atención y relevancia que eleva la percepción del cliente hacia la marca. Este enfoque hace que el cliente sienta que sus preferencias y necesidades son realmente importantes.

Mayor lealtad y retención.

Los clientes que perciben un servicio cohesivo y personalizado son más propensos a regresar y recomendar la marca. La personalización cruzada ayuda a establecer una relación basada en la confianza y el entendimiento mutuo.

Aumento de las ventas.

Al mostrar productos o servicios relacionados en diferentes canales, las empresas pueden maximizar las oportunidades de venta cruzada y venta adicional. Este enfoque no solo incrementa los ingresos, sino que también mejora la satisfacción del cliente al ofrecer soluciones completas.

Uso eficiente de los datos.

La personalización cruzada permite a las empresas aprovechar al máximo la información recopilada en todos los canales, convirtiendo los datos en acciones significativas que beneficien tanto al cliente como a la marca.

2.2.3. Estrategias efectivas para la personalización cruzada

Para implementar una estrategia de personalización cruzada exitosa, las empresas pueden adoptar las siguientes tácticas:

Unificar datos en tiempo real.

El primer paso para personalizar la experiencia en múltiples canales es garantizar que los datos del cliente se centralicen en una plataforma unificada, como un sistema CRM avanzado. Esto permite que cada interacción, ya sea en línea o en persona, se registre y utilice para informar futuras acciones.

Por ejemplo, si un cliente consulta productos en una tienda online pero no completa la compra, un vendedor en una tienda física puede acceder a esta información y sugerirle productos similares cuando visite el local.

Recomendaciones personalizadas en todos los canales.

Las recomendaciones basadas en el comportamiento del cliente son una estrategia poderosa para fomentar la venta cruzada. Estas pueden implementarse en diferentes canales, desde correos electrónicos y notificaciones push hasta sugerencias en tienda física a través de dispositivos inteligentes.

Un caso práctico sería un cliente que compra un libro en una tienda física y posteriormente recibe un correo con recomendaciones de títulos relacionados basados en su historial de compras.

Ofertas exclusivas y dinámicas.

Las ofertas exclusivas diseñadas para diferentes canales son una forma eficaz de incentivar la interacción del cliente con múltiples puntos de contacto. Por ejemplo, una tienda puede ofrecer un descuento adicional en línea a clientes que compren en la tienda física o viceversa.

Uso de tarjetas de fidelidad y programas de recompensas omnicanal.

Los programas de fidelidad son una herramienta poderosa para integrar experiencias. Permiten a los clientes acumular puntos y recibir beneficios independientemente del canal utilizado, promoviendo una interacción más frecuente con la marca.

Por ejemplo, Starbucks permite a sus clientes ganar y canjear recompensas tanto en la aplicación móvil como en las tiendas físicas, ofreciendo una experiencia integrada y atractiva.

Notificaciones personalizadas y seguimiento.

El envío de mensajes personalizados en el momento adecuado puede marcar una gran diferencia. Esto incluye notificaciones sobre la disponibilidad de productos en tiendas cercanas, recordatorios de carritos abandonados o promociones específicas en días importantes para el cliente, como su cumpleaños.

Eventos y experiencias integradas.

Organizar eventos que combinen canales físicos y digitales puede ser una forma creativa de implementar la personalización cruzada. Por ejemplo, una marca de moda puede realizar un desfile transmitido en vivo, donde los asistentes físicos reciban descuentos exclusivos en tienda y los espectadores en línea obtengan ofertas digitales.

2.2.4. Casos de éxito en personalización cruzada

Empresas líderes han implementado estrategias de personalización cruzada con gran éxito:

- **Apple:** La marca permite a los clientes comenzar su experiencia en línea, explorando productos y configuraciones, y luego continuar en una tienda física, donde los empleados ya tienen acceso a la información del cliente para brindar una atención más personalizada.
- **Sephora:** Los clientes pueden utilizar la aplicación móvil para crear listas de deseos y escanear productos en la tienda física para obtener reseñas, lo que les permite disfrutar de una experiencia integrada y consistente.

- **Decathlon:** La tienda deportiva utiliza una estrategia omnicanal que combina recomendaciones online basadas en el historial del cliente con ofertas personalizadas que los clientes pueden disfrutar en tiendas físicas.

La personalización cruzada es el puente que conecta el mundo físico y digital de manera armónica, ofreciendo a los clientes una experiencia completa y personalizada en todos los canales. Al implementar estrategias que combinan datos, tecnología y creatividad, las empresas pueden no solo mejorar la satisfacción del cliente, sino también fortalecer su posición en un mercado altamente competitivo. En un entorno donde las experiencias fragmentadas son comunes, la personalización cruzada se erige como un diferenciador poderoso y una herramienta para construir relaciones duraderas con los clientes.

2.3. Ejemplos de éxito en experiencias omnicanal

La implementación de estrategias omnicanal no solo es una tendencia en el mundo del marketing, sino una necesidad para las marcas que buscan destacarse en un mercado altamente competitivo. Empresas líderes en diversas industrias han demostrado cómo la integración efectiva de canales digitales y físicos puede transformar la experiencia del cliente y generar resultados excepcionales. A continuación, se presentan algunos casos destacados que ejemplifican el éxito en experiencias omnicanal.

1. **Nike:** Una experiencia inmersiva y personalizada

Nike es un ejemplo sobresaliente de cómo una marca puede integrar canales digitales y físicos para ofrecer una experiencia cohesiva. A través de su aplicación móvil Nike App, los clientes pueden acceder a una amplia gama de funciones que mejoran su experiencia en las tiendas físicas, como:

- Reservar productos online para probárselos en una tienda cercana.
- Escanear códigos QR en la tienda para obtener más detalles sobre los productos.
- Recibir recomendaciones personalizadas basadas en su historial de compras y preferencias.

Además, el programa NikePlus conecta a los usuarios con contenido exclusivo, promociones personalizadas y acceso prioritario a productos nuevos, tanto en línea como en tiendas físicas. Este enfoque no solo fortalece la relación con sus clientes, sino que también fomenta la fidelidad hacia la marca.

2. **Starbucks:** Un programa de recompensas omnicanal

Starbucks ha logrado perfeccionar la experiencia omnicanal a través de su programa de recompensas Starbucks Rewards. Los clientes pueden realizar pedidos a través de la aplicación móvil, acumular puntos por sus compras y canjearlos tanto en las tiendas físicas como en línea. Además, la aplicación permite a los usuarios personalizar sus pedidos, realizar pagos sin contacto y recibir ofertas exclusivas basadas en su historial de consumo.

Un aspecto clave del éxito de Starbucks es la consistencia de su experiencia en todos los canales. Ya sea que un cliente realice un pedido desde su teléfono o directamente en la tienda, la experiencia es fluida, rápida y personalizada. Este enfoque ha convertido a Starbucks en un referente en la implementación de estrategias omnicanal.

3. **Sephora:** Tecnología al servicio de la belleza

Sephora ha integrado de manera efectiva sus plataformas digitales y físicas para ofrecer una experiencia de compra única. Su aplicación móvil permite a los usuarios escanear productos en la tienda para leer reseñas, acceder a tutoriales y obtener recomendaciones personalizadas basadas en sus preferencias.

Además, el programa de fidelidad Beauty Insider conecta todos los puntos de interacción del cliente, permitiéndole acumular y canjear puntos en cualquier canal.

Una de las estrategias más innovadoras de Sephora es el uso de realidad aumentada a través de su herramienta Virtual Artist, que permite a los clientes probar virtualmente maquillaje desde sus dispositivos móviles. Esto no solo mejora la experiencia del cliente, sino que también impulsa la conversión al eliminar la incertidumbre de las compras online.

4. **Walmart:** Innovación en logística omnicanal

Walmart ha liderado la integración de canales físicos y digitales a través de su estrategia de compra online y recogida en tienda (BOPIS, por sus siglas en inglés). Los clientes pueden realizar sus compras desde la página web o la aplicación móvil y recoger sus productos en un punto designado dentro de la tienda, evitando tiempos de espera.

Además, Walmart ha implementado servicios de entrega el mismo día y recolección desde el automóvil, lo que brinda a los clientes mayor comodidad y flexibilidad. Su capacidad para sincronizar inventarios en tiempo real y ofrecer opciones logísticas personalizadas ha sido clave para su éxito en el ámbito omnicanal.

5. **Apple:** La continuidad perfecta entre canales

Apple es un ejemplo de cómo una marca puede ofrecer una experiencia omnicanal impecable. Su ecosistema integra a la perfección sus canales digitales y físicos, permitiendo a los clientes iniciar una compra online, personalizar sus dispositivos y programar citas en la tienda para obtener soporte técnico o recoger productos.

En las tiendas físicas, la experiencia se enriquece con la presencia de especialistas capacitados que utilizan dispositivos móviles para acceder al historial del cliente y brindar un servicio altamente personalizado. Esta integración de tecnología, personalización y atención al cliente ha consolidado a Apple como un referente en la experiencia del cliente.

6. **IKEA:** Uniendo diseño y funcionalidad omnicanal

IKEA ha revolucionado la experiencia del cliente al combinar sus plataformas digitales y físicas de manera innovadora. Su aplicación móvil permite a los clientes explorar catálogos, planificar espacios utilizando realidad aumentada y crear listas de compras personalizadas. Esta información se sincroniza con sus visitas a las tiendas físicas, donde los clientes pueden recibir asesoramiento personalizado basado en sus preferencias online.

Además, IKEA ha implementado opciones flexibles como la compra online con recogida en tienda y servicios de entrega a domicilio, garantizando una experiencia integrada que se adapta a las necesidades de cada cliente.

7. **Amazon:** El rey de la omnicanalidad en retail

Aunque Amazon es conocido principalmente como una plataforma digital, su incursión en el mundo físico a través de tiendas como Amazon Go y Amazon Fresh ha llevado la experiencia omnicanal a un nivel completamente nuevo.

En las tiendas Amazon Go, los clientes pueden entrar, tomar los productos que necesitan y salir sin pasar por una caja, gracias a la tecnología Just Walk Out, que sincroniza automáticamente las compras con la cuenta del cliente.

Además, Amazon utiliza datos de sus plataformas digitales para ofrecer experiencias altamente personalizadas en sus tiendas físicas, reforzando su posición como líder en innovación omnicanal.

Los ejemplos de éxito en experiencias omnicanal destacan cómo las empresas pueden transformar la interacción con sus clientes al integrar de manera fluida los canales digitales y físicos. Ya sea a través de programas de recompensas, herramientas tecnológicas innovadoras o estrategias logísticas avanzadas, estas marcas han demostrado que la omnicanalidad no solo mejora la experiencia del cliente, sino que también impulsa el crecimiento y la lealtad. Para las empresas que buscan destacar en un entorno cada vez más competitivo, estos casos ofrecen una valiosa inspiración y un modelo a seguir.

3. Estrategias para Empresas Emergentes

3.1. Personalización de bajo costo para startups y pymes

Las startups y pequeñas y medianas empresas (pymes) enfrentan el desafío constante de competir con marcas más grandes y con mayores recursos. En este contexto, la personalización se presenta como una herramienta poderosa para diferenciarse y construir relaciones sólidas con los clientes. Sin embargo, lograrlo de manera efectiva con presupuestos limitados requiere creatividad, estrategia y el uso de herramientas accesibles. Afortunadamente, la tecnología actual ofrece múltiples opciones que permiten a las empresas emergentes implementar personalización sin grandes inversiones.

3.1.1. El valor de la personalización para startups y pymes

La personalización no es un lujo reservado para grandes corporaciones; es una necesidad para cualquier empresa que desee construir una base de clientes leales. Para startups y pymes, personalizar significa aprovechar los datos disponibles para crear experiencias únicas que generen conexión emocional con los clientes. Esto no solo mejora la percepción de la marca, sino que también fomenta la repetición de compras y el boca a boca positivo, dos aspectos cruciales para empresas en crecimiento.

3.1.2. Estrategias de bajo costo para personalización

Las startups y pymes pueden implementar personalización eficaz sin grandes presupuestos adoptando enfoques inteligentes y herramientas accesibles:

Uso estratégico de herramientas gratuitas o económicas.

En el mercado existen múltiples plataformas asequibles que permiten personalizar la experiencia del cliente. Herramientas como Mailchimp, HubSpot Free CRM y ActiveCampaign permiten a las pequeñas empresas segmentar su audiencia, enviar correos electrónicos personalizados y automatizar procesos básicos de marketing. Estas herramientas suelen ofrecer planes gratuitos o de bajo costo que se adaptan a las necesidades de empresas emergentes.

Por ejemplo, una tienda online pequeña puede utilizar Mailchimp para enviar correos de seguimiento a clientes que abandonaron sus carritos, recordándoles los productos que les interesaron y ofreciendo un descuento para incentivarlos a completar la compra.

Segmentación simple y efectiva.

Aunque las grandes empresas cuentan con sofisticadas bases de datos para segmentar a sus clientes, las startups y pymes pueden comenzar con estrategias simples. La segmentación básica por ubicación, intereses o comportamiento de compra puede marcar una gran diferencia. Por ejemplo, un pequeño restaurante puede enviar mensajes personalizados sobre promociones locales o platos populares según el clima de la región.

Personalización en redes sociales.

Las redes sociales son un canal ideal para implementar personalización de bajo costo. Herramientas como Facebook Ads permiten a las empresas crear anuncios específicos para audiencias seleccionadas según datos demográficos, intereses y comportamientos. Además, interactuar directamente con los clientes en los comentarios o mensajes privados demuestra un nivel de atención personalizada que fomenta la lealtad.

Un ejemplo sería una startup de moda que utiliza Instagram para enviar mensajes directos a los clientes que comentaron en publicaciones recientes, ofreciéndoles un descuento exclusivo en productos que les interesaron.

Automatización de procesos básicos.

La automatización es una aliada clave para las pymes que buscan personalización con recursos limitados. Herramientas como Zapier o IFTTT permiten conectar diferentes aplicaciones y automatizar tareas repetitivas.

Por ejemplo, una tienda puede programar el envío automático de un correo de agradecimiento personalizado después de cada compra, fortaleciendo la relación con el cliente sin esfuerzo adicional.

¿Cómo implementar la personalización de bajo costo?

Automatización de Procesos

Automatizar tareas repetitivas con herramientas como Zapier para mejorar la eficiencia.

Personalización en Redes Sociales

Crear anuncios específicos y interactuar directamente con los clientes en plataformas como Instagram.

Recomendaciones Basadas en Datos

Analizar compras pasadas para recomendar productos complementarios.

Segmentación Simple

Segmentar clientes por ubicación, intereses o comportamiento de compra.

Contenido Personalizado

Crear contenido relevante y personalizado para atraer y retener clientes.

Herramientas Estratégicas

Utilizar herramientas gratuitas o económicas como Mailchimp y HubSpot para marketing personalizado.

Recomendaciones basadas en datos simples.

Aunque no todas las startups tienen acceso a algoritmos avanzados de recomendación, pueden empezar con estrategias básicas.

Por ejemplo, un e-commerce puede analizar las compras pasadas de sus clientes y recomendar productos complementarios manualmente o utilizando funcionalidades integradas en plataformas como Shopify.

Enfoque en el contenido personalizado.

Crear contenido relevante y personalizado es una forma económica y efectiva de atraer y retener clientes. Un blog, una serie de correos electrónicos educativos o publicaciones en redes sociales que aborden problemas específicos de la audiencia pueden establecer a la marca como una experta en su área y fortalecer la conexión con sus clientes.

Por ejemplo, una pequeña empresa de fitness puede ofrecer planes de entrenamiento personalizados en sus correos electrónicos o compartir consejos específicos según las metas individuales de los clientes.

3.1.3. Beneficios clave de la personalización para startups y pymes

Las empresas emergentes que adoptan la personalización como parte de su estrategia experimentan múltiples beneficios, entre ellos:

Mayor fidelidad del cliente.

Los clientes que sienten que la marca los entiende y les presta atención personalizada tienen más probabilidades de regresar y convertirse en defensores de la empresa.

Diferenciación en el mercado.

En un entorno competitivo, la personalización puede ser un diferenciador clave. Ofrecer una experiencia única hace que la empresa se destaque frente a competidores más genéricos.

Incremento de la conversión.

Los mensajes personalizados son más efectivos para captar la atención de los clientes y motivarlos a realizar compras o interactuar con la marca.

Optimización de recursos.

La personalización dirigida a segmentos específicos evita desperdiciar recursos en campañas genéricas que no resuenen con los clientes.

3.1.4. Ejemplos reales de personalización de bajo costo

Chubbies Shorts: Esta startup de ropa utiliza el correo electrónico y las redes sociales para personalizar la experiencia del cliente. Sus correos son altamente personalizados, con mensajes humorísticos adaptados al perfil del cliente, lo que crea una conexión emocional con su audiencia.

BarkBox: Esta pyme de suscripciones para mascotas segmenta a sus clientes según el tamaño de sus perros y ofrece productos personalizados, desde juguetes hasta golosinas, adaptados a las necesidades de cada mascota.

BlendJet: Esta startup de licuadoras portátiles utiliza estrategias simples de personalización en redes sociales, interactuando directamente con los comentarios de sus seguidores y enviando mensajes personalizados con promociones exclusivas.

La personalización de bajo costo no solo es posible, sino esencial para startups y pymes que buscan construir relaciones duraderas con sus clientes y diferenciarse en el mercado. Al aprovechar herramientas accesibles, estrategias simples y un enfoque creativo, estas empresas pueden ofrecer experiencias personalizadas que generan impacto sin requerir grandes presupuestos. En un entorno donde los consumidores valoran cada vez más la atención personalizada, la capacidad de conectar de manera única con los clientes es una ventaja competitiva que ninguna empresa emergente debería ignorar.

3.2. Soluciones prácticas y escalables

Para startups y pequeñas y medianas empresas (pymes), adoptar soluciones prácticas y escalables en sus estrategias de personalización no solo es posible, sino también esencial para garantizar su crecimiento sostenible. Estas soluciones permiten a las empresas empezar con recursos limitados y, a medida que crecen, ampliar sus capacidades sin comprometer la calidad de la experiencia del cliente.

3.2.1. El enfoque escalable: construir desde lo simple hacia lo avanzado

La clave de una solución escalable radica en la capacidad de adaptarse al crecimiento de la empresa. Esto implica comenzar con estrategias básicas que generen un impacto inmediato y evolucionar hacia procesos más complejos y automatizados a medida que los recursos y las necesidades lo permitan. El objetivo es implementar herramientas y procesos que sean accesibles al principio, pero que puedan expandirse fácilmente sin requerir una reestructuración significativa.

3.2.2. Soluciones prácticas para implementar personalización escalable

1. **Herramientas modulares y flexibles.**

Una de las formas más efectivas de garantizar la escalabilidad es optar por herramientas tecnológicas modulares. Estas plataformas permiten a las empresas empezar con funciones básicas y añadir nuevas capacidades según sea necesario. Por ejemplo:

CRM escalables: Plataformas como HubSpot y Zoho CRM ofrecen planes básicos gratuitos o de bajo costo que incluyen funciones clave como gestión de contactos y automatización de correos electrónicos. A medida que la empresa crece, se pueden activar módulos adicionales como análisis avanzados, integraciones con redes sociales y soporte multicanal.

Plataformas de e-commerce: Shopify y WooCommerce son ejemplos de soluciones flexibles que permiten empezar con una tienda online básica y agregar funciones como personalización de productos, motores de recomendación y análisis de comportamiento del cliente.

2. **Automación desde el inicio.**

La automatización es esencial para manejar el aumento del volumen de datos y clientes sin necesidad de incrementar significativamente el personal. Algunas estrategias prácticas incluyen:

Marketing automatizado: Herramientas como Mailchimp y ActiveCampaign permiten enviar mensajes personalizados según las acciones de los clientes, como correos electrónicos de bienvenida, recordatorios de carritos abandonados y promociones basadas en el historial de compras.

Automatización de procesos internos: Plataformas como Zapier permiten conectar aplicaciones como CRMs, plataformas de e-commerce y sistemas de gestión de inventario, facilitando el intercambio de datos y la automatización de tareas repetitivas.

3. Personalización progresiva.

La personalización no tiene que ser completamente sofisticada desde el principio; de hecho, muchas empresas comienzan con estrategias simples y avanzan gradualmente a medida que adquieren más datos, herramientas y recursos.

La personalización progresiva permite a las empresas desarrollar su capacidad de conectar con los clientes en un camino estructurado, ofreciendo valor en cada etapa mientras optimizan su enfoque.

A continuación, exploraremos cómo se puede implementar esta progresión, desde los pasos más básicos hasta la integración de tecnologías avanzadas.

♦ Primera fase: Personalización básica basada en datos demográficos

La personalización puede comenzar con un enfoque simple y accesible: segmentar a los clientes en función de datos demográficos básicos como edad, ubicación, género e intereses generales. Estos datos suelen estar disponibles desde el primer contacto con el cliente y pueden utilizarse para adaptar los mensajes y las ofertas.

Ejemplo práctico:

Una tienda online de ropa podría enviar correos electrónicos segmentados según el género de los clientes. Los hombres podrían recibir notificaciones sobre ofertas de chaquetas y camisas, mientras que las mujeres podrían recibir promociones de vestidos y accesorios. Además, al incorporar la ubicación del cliente, la tienda podría resaltar productos relevantes para la temporada o el clima local, como abrigos para regiones frías o ropa ligera para climas cálidos.

Esta fase básica de personalización permite a las empresas empezar a captar la atención del cliente con mensajes que son, al menos, más relevantes que los genéricos, aumentando las probabilidades de conversión.

- **Segunda fase: Personalización basada en el comportamiento del cliente**

En esta etapa, la personalización se profundiza al analizar el comportamiento del cliente, como su historial de navegación, compras anteriores y las interacciones con la marca. Este enfoque permite comprender mejor las preferencias y necesidades del cliente, creando mensajes más específicos y personalizados.

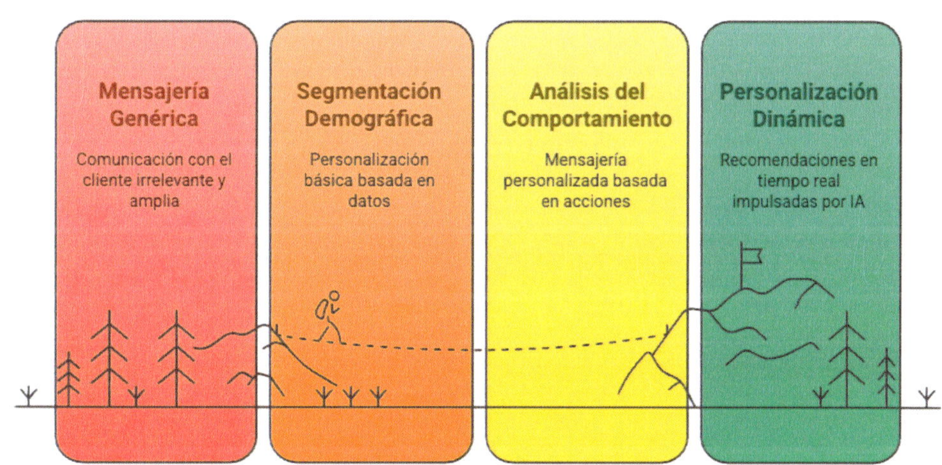

Ejemplo práctico:

Un cliente que navega repetidamente por una categoría de productos, como zapatillas deportivas, pero no realiza una compra, podría recibir un correo electrónico con recomendaciones personalizadas, como los modelos más populares dentro de esa categoría, junto con un descuento exclusivo para motivar la compra. De igual manera, si un cliente compra un producto, se le podrían sugerir artículos complementarios, como calcetines o una bolsa de gimnasio.

Herramientas recomendadas:

- **Google Analytics:** Para rastrear el comportamiento del cliente en la web.
- **CRM básicos:** Para registrar las interacciones del cliente y utilizarlas para la segmentación.

Esta etapa crea una relación más cercana con los clientes al demostrar que la empresa comprende sus intereses y necesidades individuales, lo que fomenta la lealtad.

- **Fase avanzada: Motores de recomendación basados en aprendizaje automático**

En la etapa más avanzada, las empresas pueden integrar tecnologías como inteligencia artificial (IA) y aprendizaje automático para ofrecer una personalización dinámica y en tiempo real. Los motores de recomendación analizan grandes volúmenes de datos, identifican patrones de comportamiento y anticipan las necesidades del cliente, generando sugerencias precisas que se ajustan a sus preferencias únicas.

Ejemplo práctico:

Un cliente que compra regularmente productos deportivos podría recibir recomendaciones automáticas de los últimos lanzamientos en zapatillas de running. Además, si el motor de recomendación detecta que otros clientes con patrones de compra similares han adquirido un nuevo accesorio, como un reloj deportivo, este producto también se podría sugerir. Las plataformas de e-commerce como Amazon son un excelente ejemplo de cómo estas recomendaciones pueden aumentar tanto el valor promedio de los pedidos como la satisfacción del cliente.

- **Herramientas avanzadas recomendadas:**
  - **Algolia:** Para motores de búsqueda y recomendaciones personalizadas en tiempo real.
  - **Dynamic Yield:** Una plataforma de personalización basada en IA que adapta el contenido y las ofertas según el perfil del usuario.
  - **Salesforce Einstein:** Para integrar personalización avanzada en estrategias de CRM.

La personalización avanzada no solo mejora las tasas de conversión, sino que también posiciona a la empresa como una experta en anticiparse a las necesidades del cliente, generando una experiencia de compra inigualable.

Ejemplo de personalización progresiva en acción

Un e-commerce de ropa puede implementar una estrategia progresiva siguiendo estos pasos:

- ⇨ **Fase inicial:**

  Enviar correos segmentados según la edad y el género de los clientes, resaltando productos que podrían interesarles según su grupo demográfico.

- ⇨ **Fase intermedia:**

  Incorporar datos de comportamiento para personalizar las recomendaciones en función de las categorías más visitadas o los productos añadidos al carrito, pero no comprados. Por ejemplo, enviar un correo recordando un abrigo visto recientemente y destacar que está en oferta.

- ⇨ **Fase avanzada:**

  Implementar un motor de recomendación que adapte automáticamente la página de inicio de cada cliente según su historial de navegación, mostrando productos complementarios, promociones exclusivas y reseñas relevantes. Un cliente interesado en ropa deportiva podría ver en su página principal zapatillas de su talla, chaquetas de running y accesorios recomendados por otros usuarios con intereses similares.

4. Uso de integraciones y APIs.

Muchas soluciones modernas ofrecen integraciones y APIs (interfaces de programación de aplicaciones) que facilitan la conexión entre diferentes herramientas. Esto permite que las startups y pymes combinen varias plataformas para crear un sistema personalizado sin necesidad de desarrollar tecnología desde cero.

Por ejemplo, una tienda online puede integrar su CRM con una herramienta de marketing por correo electrónico y una plataforma de análisis, sincronizando datos automáticamente para ofrecer una experiencia fluida y personalizada.

5. Aprovechamiento de los datos disponibles.

La escalabilidad también implica maximizar el uso de los datos que ya se tienen. Esto incluye:

- ⇨ **Análisis del historial de compras:** Utilizar esta información para identificar patrones y tendencias que permitan ofrecer promociones o recomendaciones relevantes.
- ⇨ **Encuestas y retroalimentación:** Recopilar opiniones de los clientes para entender sus preferencias y ajustar las estrategias de personalización.
- ⇨ **Segmentación basada en el ciclo de vida del cliente:** Identificar si un cliente está en la etapa de adquisición, retención o lealtad y personalizar las interacciones en función de su estado.

6. Enfoque en la experiencia omnicanal.

Para garantizar que la personalización sea efectiva en todos los puntos de contacto, las empresas deben adoptar un enfoque omnicanal. Esto significa integrar canales físicos y digitales para crear una experiencia fluida y coherente. Estrategias clave incluyen:

- ⇨ **Click & Collect:** Permitir que los clientes compren en línea y recojan sus productos en una tienda física.
- ⇨ **Comunicación integrada:** Usar plataformas que unifiquen las interacciones del cliente en todos los canales, como correos electrónicos, redes sociales y chatbots.
- ⇨ **Seguimiento del cliente:** Garantizar que las interacciones pasadas informen las futuras, independientemente del canal utilizado.

Ejemplos de personalización escalable en acción

- ⇨ Pequeñas empresas locales.

  Un café local puede comenzar implementando un programa de fidelidad manual, donde los clientes acumulan sellos por cada compra. Con el tiempo, puede digitalizar este programa a través de una aplicación móvil, integrando ofertas personalizadas basadas en el historial de compras de cada cliente.

- ⇨ Startups de tecnología.

  Una startup que ofrece suscripciones de software puede comenzar enviando correos genéricos a los nuevos usuarios. A medida que recopila datos de uso, puede automatizar mensajes que orienten a los usuarios sobre cómo aprovechar las funciones que aún no han explorado, aumentando la satisfacción y la retención.

- ⇨ Tiendas online.

  Un e-commerce pequeño puede empezar recomendando productos manualmente a los clientes en correos post-compra. Más adelante, puede implementar un motor de recomendación basado en inteligencia artificial que sugiera productos en tiempo real en la página web.

Las soluciones prácticas y escalables para la personalización permiten a startups y pymes competir eficazmente en un mercado dinámico y centrado en el cliente. Adoptar herramientas modulares, automatización progresiva y un enfoque basado en datos asegura que las empresas puedan crecer sin perder la calidad de la experiencia del cliente. La clave está en construir sobre una base sólida, implementando estrategias que generen valor inmediato y se adapten a las demandas futuras.

3.3. Casos de éxito en empresas emergentes

Las startups y pequeñas empresas han demostrado que la personalización no es exclusiva de las grandes marcas. Muchas de ellas han utilizado creatividad, tecnología accesible y estrategias innovadoras para implementar personalización de manera efectiva, logrando resultados sobresalientes con recursos limitados. A continuación, exploramos algunos casos de éxito de empresas emergentes que han destacado por su capacidad para conectar con sus clientes a través de experiencias personalizadas.

3.3.1. BarkBox: Personalización para amantes de las mascotas

BarkBox, una startup de suscripción para productos de mascotas, ha creado una experiencia personalizada que atiende las necesidades específicas de sus clientes y sus mascotas. Al registrarse, los clientes completan un breve cuestionario sobre el tamaño, las preferencias alimenticias y las actividades favoritas de sus perros. Con esta información, BarkBox personaliza cada caja mensual con productos que se ajustan a las características del perro.

Resultados:

⇨ Incremento en la retención de clientes gracias a la percepción de que cada caja está diseñada especialmente para su mascota.

⇨ Altos niveles de recomendación entre los clientes, quienes valoran la atención personalizada.

3.3.2. Stitch Fix: Moda personalizada a través de datos

Stitch Fix es un servicio de estilismo personalizado que combina la experiencia humana con la inteligencia artificial para enviar a sus clientes ropa y accesorios adaptados a sus gustos. Los usuarios completan un perfil detallado sobre sus preferencias, medidas y estilo de vida, y los algoritmos de la empresa sugieren productos que un estilista revisa antes de enviarlos.

Resultados:

⇨ Reducción significativa en devoluciones debido a la alta precisión en las recomendaciones.

- ⇨ Fidelización de clientes, quienes se sienten valorados por el esfuerzo en comprender sus gustos únicos.

La combinación de tecnología y atención humana puede generar personalización a gran escala sin perder el toque personal.

3.3.3. Glossier: Personalización centrada en la comunidad

Glossier, una marca emergente de belleza, ha construido su estrategia de personalización en torno a su comunidad de clientes. La empresa utiliza las interacciones de sus usuarios en redes sociales para identificar preferencias y crear productos alineados con las demandas reales de su audiencia. Además, su página web muestra recomendaciones personalizadas basadas en las compras y los productos más populares entre clientes similares.

Resultados:

- ⇨ Fuerte conexión emocional con la marca, impulsada por la percepción de que los clientes influyen en las decisiones de la empresa.
- ⇨ Crecimiento exponencial del negocio, impulsado por una comunidad leal que promueve la marca de manera orgánica.

3.3.4. Dollar Shave Club: Suscripción personalizada para el cuidado personal

Dollar Shave Club, una startup de productos de afeitado y cuidado personal, implementó un modelo de personalización basado en suscripciones. Al registrarse, los clientes eligen productos según sus necesidades específicas, como frecuencia de afeitado y tipo de piel. La empresa envía automáticamente los productos en intervalos regulares, asegurando que el cliente siempre tenga lo que necesita.

Resultados:

⇨ Alta retención de clientes gracias a la conveniencia de recibir productos personalizados en el momento adecuado.

⇨ Simplificación del proceso de compra, eliminando barreras para la recompra.

Ofrecer soluciones personalizadas basadas en hábitos y preferencias de consumo puede generar una relación a largo plazo con los clientes.

3.3.5. Notion: Personalización para la productividad

Notion, una startup de software de productividad, ha destacado por su enfoque en la personalización de la experiencia del usuario. La plataforma permite a los usuarios personalizar completamente su espacio de trabajo digital, adaptándolo a sus necesidades específicas, ya sea para gestionar proyectos, tomar notas o colaborar en equipo. Notion también analiza el uso de la plataforma para ofrecer tutoriales personalizados y sugerencias sobre funciones que podrían mejorar la experiencia del usuario.

Resultados:

⇨ Tasa de adopción acelerada debido a la flexibilidad y adaptabilidad de la herramienta.

⇨ Aumento en la satisfacción del cliente, quienes perciben que la herramienta está diseñada específicamente para ellos.

Permitir a los clientes personalizar sus propias experiencias puede ser una forma poderosa de fidelización y diferenciación.

3.3.6. Sweetgreen: Personalización en la industria alimentaria

Sweetgreen, una cadena de restaurantes de comida rápida saludable, ha implementado personalización a través de su aplicación móvil. Los clientes pueden personalizar sus pedidos, guardar sus combinaciones favoritas y recibir sugerencias basadas en sus preferencias alimenticias y compras anteriores. Además, la aplicación ofrece recompensas y promociones personalizadas.

Resultados:

- ⇨ Incremento en la frecuencia de pedidos gracias a la comodidad y relevancia de las sugerencias.
- ⇨ Experiencia consistente entre canales digitales y físicos, fortaleciendo la percepción de la marca.

La personalización en la industria alimentaria puede aumentar la satisfacción del cliente al brindar opciones adaptadas a sus gustos y necesidades.

Estos casos de éxito demuestran que las empresas emergentes pueden implementar personalización de manera efectiva con estrategias innovadoras, incluso con recursos limitados. La clave está en conocer profundamente a los clientes, utilizar herramientas accesibles y aprovechar la tecnología para escalar la personalización a medida que crecen. Estas prácticas no solo generan una mejor experiencia del cliente, sino que también fomentan la lealtad, impulsan el crecimiento y establecen una ventaja competitiva en el mercado.

3.3.7. Mr. Wonderful: Personalización emocional en el diseño de productos

Mr. Wonderful, una marca española conocida por sus productos de papelería, regalos y accesorios con mensajes positivos, ha destacado en el mercado gracias a su enfoque en la personalización emocional. La empresa utiliza estrategias que conectan profundamente con sus clientes, no solo adaptando los productos a sus preferencias, sino también diseñando experiencias que los hacen sentir identificados con la marca.

Estrategias de personalización de Mr. Wonderful:

- ⇨ **Segmentación emocional:** Mr. Wonderful utiliza mensajes y diseños que apelan a distintos momentos y emociones de sus clientes, desde felicitaciones por un logro personal hasta mensajes motivadores para superar un día difícil. Esto crea una conexión emocional única que genera fidelidad a la marca.
- ⇨ **Personalización de productos:** La marca ofrece opciones para personalizar productos, como agendas o tazas, permitiendo a los clientes añadir nombres, frases o detalles específicos. Esto hace que los productos no solo sean funcionales, sino también únicos para cada cliente.
- ⇨ **Estrategia omnicanal:** A través de su tienda online, redes sociales y puntos de venta físicos, Mr. Wonderful asegura que la experiencia del cliente sea consistente y personalizada. Por ejemplo, la página web muestra recomendaciones basadas en compras anteriores, mientras que en redes sociales interactúan directamente con sus seguidores para identificar preferencias.

- ⇨ **Contenido generado por usuarios:** La empresa fomenta la participación de su comunidad al compartir en redes sociales fotos y mensajes de sus clientes utilizando sus productos. Esto no solo crea una relación cercana, sino que también refuerza la percepción de que cada cliente es especial para la marca.

Resultados del enfoque personalizado de Mr. Wonderful:

- ⇨ **Fidelización**: La marca ha logrado construir una base de clientes altamente leal, quienes no solo compran sus productos, sino que también promueven activamente la marca a través de redes sociales y recomendaciones personales.
- ⇨ **Crecimiento internacional:**Gracias a su enfoque personalizado y emocional, Mr. Wonderful ha expandido su alcance a otros mercados europeos, convirtiéndose en un referente en su sector.

La personalización no siempre tiene que estar basada únicamente en datos o tecnología avanzada. Mr. Wonderful demuestra que conocer profundamente a la audiencia y diseñar productos y mensajes que conecten emocionalmente puede ser igual de efectivo para destacar en un mercado competitivo.

PER|CEN|TIL

3.3.8. Percentil: Personalización en el e-commerce de moda sostenible

Percentil, una startup española fundada en 2012, se ha convertido en un referente en el mercado de ropa de segunda mano gracias a su enfoque en la personalización y la sostenibilidad.

La empresa opera principalmente como un e-commerce que permite a los clientes vender y comprar ropa de segunda mano en excelentes condiciones, ofreciendo una experiencia centrada en las necesidades específicas de cada usuario.

Estrategias de personalización de Percentil

- **Recomendaciones personalizadas en la web:** Percentil utiliza los datos de comportamiento de sus clientes, como el historial de navegación y compras, para recomendar productos adaptados a sus preferencias. Esto incluye sugerencias basadas en las tallas, estilos y marcas que el cliente suele buscar, mejorando significativamente la experiencia de compra.

- **Segmentación por preferencias de sostenibilidad:** Los usuarios que muestran interés por marcas específicas o prendas con certificaciones sostenibles reciben contenido adaptado a estos valores, destacando su compromiso con el medio ambiente.

- **Ofertas y promociones personalizadas:** Percentil utiliza correos electrónicos personalizados para informar a los clientes sobre descuentos y promociones relevantes basadas en sus intereses. Por ejemplo, si un cliente busca ropa infantil, recibirá notificaciones sobre nuevos artículos en esa categoría.

- **Integración de logística personalizada:** La empresa permite a los clientes enviar su ropa usada de manera sencilla mediante un sistema de recolección personalizado, lo que hace que el proceso de venta sea tan práctico como comprar. Además, su sistema optimizado asegura que los usuarios puedan elegir opciones de envío que se adapten a sus necesidades.

- **Contenido educativo y personalizado:** Percentil utiliza correos y redes sociales para educar a sus clientes sobre el impacto positivo de comprar ropa de segunda mano y cómo sus acciones contribuyen a la sostenibilidad, creando una conexión emocional y un sentido de propósito entre la marca y el cliente.

Resultados del enfoque personalizado de Percentil

- **Fidelización de clientes:** La personalización ha sido clave para atraer y retener a clientes que valoran tanto la sostenibilidad como la practicidad. Al ofrecer recomendaciones relevantes y una experiencia de compra fluida, Percentil ha logrado destacarse en el sector del e-commerce de moda sostenible.

- ⇨ **Crecimiento en el mercado europeo:** El enfoque personalizado ha permitido a Percentil expandirse fuera de España, llegando a mercados como Alemania y Francia, donde su propuesta única ha resonado entre consumidores conscientes.
- ⇨ **Reconocimiento como marca sostenible:** Gracias a su estrategia centrada en el cliente y su compromiso con el medio ambiente, Percentil se ha consolidado como una marca respetada en el ámbito de la economía circular.

Percentil demuestra que incluso en un sector competitivo como el e-commerce de moda, la personalización y la sostenibilidad pueden ser grandes diferenciadores. Su capacidad para ofrecer recomendaciones específicas, simplificar la logística y conectar emocionalmente con sus clientes ha sido fundamental para su éxito.

Resumen

1. **Cómo adaptar mensajes y contenido en tiempo real**

   La personalización en tiempo real se presenta como una respuesta eficaz ante la necesidad creciente de ofrecer experiencias inmediatas y relevantes a los consumidores. Esta estrategia se fundamenta en tres pilares esenciales: el uso de **datos en tiempo real, el análisis predictivo y la automatización inteligente**. Los datos que se generan en cada interacción del usuario son procesados por plataformas como Google BigQuery o Amazon Kinesis, permitiendo una respuesta ágil ante comportamientos como el abandono de un carrito o la repetición de visitas a un producto específico.

   El análisis predictivo permite anticipar necesidades del usuario a partir de patrones de comportamiento, mientras que la automatización convierte esos datos e insights en acciones concretas, como recomendaciones personalizadas o notificaciones push. Tecnologías como los CMS dinámicos, motores de recomendación y plataformas de automatización de marketing son claves para implementar estas tácticas con éxito.

   Entre las estrategias destacadas se encuentra la **personalización de páginas web** en función de ubicación o condiciones climáticas, el **email marketing dinámico** que actualiza contenido en función del stock, la **publicidad adaptativa y las notificaciones push**. Los beneficios son múltiples: mayor relevancia en la comunicación, incremento de conversiones al facilitar la toma de decisiones y fidelización del cliente al crear una experiencia percibida como única y cuidada.

2. **Publicidad programática y su efectividad**

   La publicidad programática revoluciona la forma en que las marcas compran espacios publicitarios. Se trata de un sistema automatizado que, mediante subastas en tiempo real (RTB), permite adquirir espacios dirigidos a audiencias específicas basándose en datos del usuario como su historial de navegación o su ubicación. Esta capacidad de **segmentación avanzada** asegura que cada anuncio tenga un mayor impacto al ser altamente relevante.

Entre sus ventajas destacan la **optimización de recursos y costos**, ya que elimina intermediarios; la posibilidad de **ajustar las campañas en tiempo real;** y **la mejora de la experiencia del usuario**, al evitar anuncios genéricos y poco útiles. Marcas como Coca-Cola, Amazon o empresas del sector turístico han demostrado el poder de esta técnica con campañas que adaptan su contenido a las circunstancias del usuario en cada momento.

Sin embargo, la publicidad programática también plantea retos relacionados con el **uso ético de los datos personales.** La implementación de esta estrategia debe ir acompañada del cumplimiento de regulaciones como el GDPR, garantizando la privacidad del consumidor. En conjunto, la publicidad programática se consolida como una herramienta eficaz para personalizar el marketing de manera automatizada, eficiente y en sintonía con las expectativas del usuario moderno.

3. **Uso de chatbots inteligentes y asistentes virtuales**

La incorporación de **chatbots y asistentes virtuales** a las estrategias digitales ha redefinido la relación entre las marcas y los consumidores. Inicialmente limitados a respuestas simples, hoy estos sistemas utilizan inteligencia artificial y procesamiento de lenguaje natural para mantener conversaciones contextualizadas, entender intenciones y aprender con el tiempo.

Los **chatbots actuales** pueden personalizar sus respuestas en función de datos históricos y comportamiento en tiempo real. En sectores como el comercio electrónico, la banca o la salud, cumplen funciones que van desde la recomendación de productos hasta la gestión de trámites o la atención médica básica.

Por su parte, los **asistentes virtuales** como Alexa o Siri no solo responden, sino que **anticipan necesidades** del usuario, reforzando la idea de una interacción proactiva. Las principales ventajas de estas tecnologías incluyen **disponibilidad continua (24/7), reducción de costes, escalabilidad**, y una experiencia de usuario más satisfactoria.

Entre los desafíos a considerar se encuentra la necesidad de garantizar interacciones **naturales y personalizadas**, así como proteger la privacidad del usuario. Si bien su implementación requiere inversión y planificación, su impacto positivo en eficiencia operativa y satisfacción del cliente es innegable.

4. **Integración de canales digitales y físicos**

La **omnicanalidad** propone una experiencia unificada entre canales físicos y digitales, permitiendo al cliente iniciar una acción en uno y finalizarla en otro sin interrupciones. Esta estrategia reconoce que los consumidores no perciben los canales por separado, sino como una sola marca con la que desean interactuar sin fricciones.

La implementación eficaz de esta estrategia se apoya en tecnologías como los **CRM**, plataformas de comercio unificado y sistemas de análisis en tiempo real. Empresas como Nike, Starbucks, IKEA y Amazon han logrado integrar con éxito sus canales, facilitando compras combinadas, recogida en tienda, devoluciones cruzadas y personalización en ambos entornos.

Los beneficios para el cliente incluyen **comodidad, coherencia y personalización**, mientras que para la empresa se traduce en **fidelidad, mayores ventas y mejor aprovechamiento de los datos** recopilados en todos los puntos de contacto.

5. **Estrategias para personalización cruzada**

La **personalización cruzada** permite usar la información obtenida en un canal para mejorar la experiencia en otro. Así, un cliente que compra en tienda puede recibir correos electrónicos con recomendaciones complementarias, o uno que navega online puede encontrar promociones adaptadas en tienda física.

Este enfoque potencia la percepción de un servicio coherente y atento. Estrategias clave incluyen **la unificación de datos en tiempo real**, el uso de **recomendaciones personalizadas en todos los canales, ofertas exclusivas omnicanal**, y programas de fidelización que premian la interacción multicanal. Casos exitosos como los de Apple, Sephora y Decathlon muestran cómo esta práctica fortalece la relación cliente-marca.

6. **Personalización de bajo costo para startups y pymes**

   Las startups y pymes pueden implementar **estrategias de personalización eficaces sin grandes presupuestos**. Para lograrlo, pueden recurrir a herramientas gratuitas o de bajo coste como Mailchimp, HubSpot Free CRM o ActiveCampaign, que permiten segmentar audiencias, automatizar correos y personalizar comunicaciones.

   Tácticas sencillas como la **segmentación por ubicación**, el uso de **redes sociales para interacción directa, o el envío de recomendaciones básicas** ya generan un impacto positivo. Ejemplos como Chubbies Shorts, BarkBox o BlendJetmuestran cómo la creatividad y el uso inteligente de herramientas accesibles permiten generar conexiones significativas y experiencias valiosas para el cliente.

7. **Soluciones prácticas y escalables**

   Una estrategia exitosa para pymes es la personalización progresiva, que evoluciona desde técnicas básicas a sistemas más avanzados a medida que la empresa crece. En una primera fase, puede usarse la segmentación demográfica; luego, el análisis del comportamiento del cliente; y en una fase avanzada, motores de recomendación basados en inteligencia artificial.

   El uso de **CRM escalables, automatización desde el inicio, integración de plataformas mediante APIs,** y la centralización de datos permiten implementar una personalización eficaz sin comprometer la escalabilidad. Además, se promueve una experiencia omnicanal coherente, incluso desde etapas tempranas del negocio.

   Ejemplos prácticos incluyen el uso de **Zapier** para automatizar tareas, el análisis del **historial de compras** para recomendaciones, y estrategias como **click & collect** que fusionan los entornos digital y físico de forma efectiva.

ICB
EDITORES

Glosario

Acoso sexual

Conducta de connotación sexual no deseada que genera un entorno humillante, hostil o intimidatorio.

Análisis Predictivo

Uso de algoritmos avanzados para anticipar comportamientos futuros basándose en datos históricos y en tiempo real.

Análisis de datos en tiempo real

Técnica que permite interpretar el comportamiento del cliente a medida que ocurre, facilitando ajustes inmediatos en la estrategia de marketing y experiencia de usuario.

Análisis predictivo

Proceso de usar datos históricos y algoritmos para anticipar acciones o necesidades futuras de los usuarios.

Automatización del Marketing

Uso de tecnología para gestionar campañas, personalizar interacciones y optimizar procesos de marketing de manera automatizada.

Automatización inteligente

Uso de sistemas automatizados, generalmente impulsados por IA, para ejecutar acciones personalizadas en función del comportamiento del cliente.

Beneficios de la omnicanalidad

Incluyen la mejora de la experiencia del cliente, fidelización, aumento de ventas y mejor aprovechamiento de los datos.

Big Data

Análisis de grandes volúmenes de datos estructurados y no estructurados para extraer patrones, tendencias y comportamientos significativos.

CDP (Customer Data Platform)

Plataforma que unifica datos identificables de clientes para personalización y creación de perfiles detallados.

CRM (Customer Relationship Management)

Sistemas para gestionar relaciones con clientes que integran datos de múltiples canales para ofrecer una atención personalizada y eficiente.

Chatbots inteligentes

Programas que utilizan inteligencia artificial para mantener conversaciones naturales con los usuarios, proporcionando respuestas personalizadas en tiempo real.

Convenio de Estambul

Tratado internacional del Consejo de Europa que establece estándares jurídicos para prevenir y combatir la violencia contra las mujeres.

Cookies

Fragmentos de datos almacenados en el navegador del usuario que recopilan información sobre su actividad en línea.

Cultura patriarcal

Sistema sociocultural que legitima la superioridad masculina y la subordinación femenina, estructurando desigualdades en todos los ámbitos.

DMP (Data Management Platform)

Plataforma que gestiona datos anónimos para segmentación publicitaria y campañas masivas.

Dashboards Interactivos

Herramientas visuales que permiten monitorear y analizar métricas clave en tiempo real.

Datos en tiempo real

Información que se recolecta y procesa al instante sobre las interacciones del cliente para personalizar la experiencia de forma inmediata.

Email marketing dinámico

Correos electrónicos que actualizan automáticamente su contenido con base en la disponibilidad de productos u otros datos contextuales al momento de ser abiertos.

Estrategias omnicanal

Acciones planificadas que integran todos los canales (digitales y físicos) para ofrecer una experiencia continua y coherente al cliente.

Fidelización del cliente

Resultado de proporcionar experiencias personalizadas y relevantes, lo que incrementa la probabilidad de retención y recomendación de la marca.

IA (Inteligencia Artificial)

Tecnología que simula procesos cognitivos humanos para analizar datos y tomar decisiones automatizadas.

Integración de canales

Proceso de unificación de la experiencia del cliente a través de distintos medios, como tiendas físicas, plataformas web, apps, etc.

Interseccionalidad

Enfoque que analiza cómo las distintas formas de discriminación (género, raza, clase, discapacidad, etc.) se entrecruzan y agravan la vulnerabilidad.

KPI (Key Performance Indicator)

Métricas clave utilizadas para medir el rendimiento de estrategias o campañas.

Lead Nurturing

Proceso de desarrollar y fortalecer relaciones con leads en cada etapa del embudo de ventas mediante contenido relevante y personalizado.

Ley Orgánica 1/2004

Marco legal español que define la violencia de género como resultado de la desigualdad estructural y establece medidas de protección integral.

Logística flexible

Sistemas que permiten alternativas como comprar online y recoger en tienda (BOPIS), devoluciones cruzadas y entregas el mismo día.

Machine Learning

Subcampo de la IA que permite a los sistemas aprender y mejorar a partir de datos sin ser programados explícitamente para cada tarea.

Medios de comunicación

Canales de difusión de información que configuran la percepción social sobre hechos, valores y problemas sociales.

Microsegmentación

Técnica avanzada de segmentación que identifica pequeños grupos de clientes con características y comportamientos muy específicos.

Motores de recomendación

Sistemas que sugieren productos o servicios con base en datos del usuario, como historial de navegación o preferencias.

Normativas de Privacidad (GDPR, CCPA)

Regulaciones legales diseñadas para proteger los datos personales de los usuarios y garantizar su uso ético.

Omnicanalidad

Estrategia que integra todos los canales de comunicación y venta para ofrecer una experiencia uniforme al cliente.

Opinión pública

Conjunto de ideas y actitudes compartidas por una parte significativa de la sociedad sobre temas relevantes.

Personalización cruzada

Uso de la información obtenida en un canal para enriquecer la experiencia del cliente en otro canal.

Personalización en Tiempo Real

Adaptación inmediata de mensajes, contenido o interacciones basándose en el comportamiento actual del usuario.

Personalización progresiva

Enfoque que parte de personalización básica y avanza hacia recomendaciones complejas mediante IA, según el crecimiento de la empresa.

Publicidad programática

Compra automatizada de espacios publicitarios en línea en tiempo real, dirigida a audiencias específicas mediante análisis de datos.

Recomendaciones Personalizadas

Propuestas generadas por algoritmos basados en los intereses y comportamientos individuales de los clientes.

Relevancia

Grado en el cual el contenido entregado al usuario coincide con sus intereses y necesidades inmediatas, clave para mejorar conversiones y fidelización.

Retargeting

Estrategia publicitaria que consiste en mostrar anuncios a usuarios que previamente interactuaron con la marca, pero no realizaron una conversión.

Revictimización

Repetición del daño a la víctima al exponerla a procesos, discursos o prácticas que la culpabilizan, invisibilizan o desacreditan.

Segmentación Dinámica

Proceso de dividir audiencias en microsegmentos basados en características específicas como intereses, comportamientos o ubicación geográfica.

Segmentación

Técnica para dividir al público en grupos basados en criterios comunes, como comportamiento, intereses o ubicación, a fin de personalizar la comunicación.

Soluciones escalables

Herramientas y estrategias que permiten crecer sin perder eficiencia, adaptándose al aumento de datos, canales y volumen de usuarios.

Startups y pymes

Empresas emergentes que adoptan estrategias de personalización con recursos limitados mediante el uso de herramientas accesibles y automatización básica.

Tecnología en la omnicanalidad

Plataformas que conectan canales físicos y digitales para mantener la coherencia en la experiencia del cliente (CRM, e-commerce, análisis en tiempo real, etc.).

Violencia doméstica

Violencia ejercida en el entorno familiar, mayoritariamente por hombres contra mujeres y menores, con base en relaciones de poder y control.

Violencia institucional

Daño ejercido por instituciones públicas a través de omisiones, malos tratos, inacción o prácticas discriminatorias que agravan el sufrimiento de las víctimas.